Christoph Martin Wieland

Der neue Amadis

Teil Zwei

Christoph Martin Wieland

Der neue Amadis
Teil Zwei

ISBN/EAN: 9783743368002

Hergestellt in Europa, USA, Kanada, Australien, Japan

Cover: Foto ©ninafisch / pixelio.de

Manufactured and distributed by brebook publishing software (www.brebook.com)

Christoph Martin Wieland

Der neue Amadis

C. M. WIELANDS

SÄMMTLICHE WERKE

FÜNFTER BAND

DER NEUE AMADIS

ZWEYTER THEIL

DER VERKLAGTE AMOR

.

LEIPZIG

BEY GEORG JOACHIM GÖSCHEN. 1794

DER NEUE AMADIS.

ZWEYTER THEIL.

Wielands W. V. B.

ZWÖLFTER GESANG.

1.

Der Neger hatte indessen, um seine hohen
                                    Gäste
Nach Standesgebühr zu bewirthen, und ihnen
                        von seiner Macht
Ein kleines Muster zu weisen, zu einem herr-
                        lichen Feste
Den Plan sich ausgedacht. Er liebte Vergnü-
                        gen und Pracht,
Und (wie gesagt) es wufste, seitdem es
                        Negern gegeben,
Kein Neger besser als er, zumahl mit den
                        Damen, zu leben.
Die erste beste, die seinen kleinen Staat
Auch nur zufälliger Weise betrat,
Fand sich, im Walde sogar, von Sylfen und
                        Amoretten
Wie eine Prinzessin bedient, fand Lauben,
                        Ruhebetten,

2.

Erfrischungen, Sorbet, Schokolat,
Und auch bey Nacht, auf einer Ottomane
Was eine reisende Sultane
Um wohl zu schlafen nöthig hat.
Ob müßige oder böse Leute
Hierüber Glossen gemacht, und, über den
                              Anlaß froh,
Einander ins Ohr gefragt was diese Großmuth
                    bedeute,
Ist leicht zu errathen. Die Welt ist einmahl so!
W i r nehmen ein Ding auf seiner besten Seite,
Vorausgesetzt es habe deren zwo.

3.

Denn sollten wir je bey einem Anachoreten
Ein Nymfchen von sechzehn (eins minder oder
                    mehr)
Allein in seiner Zelle betreten,
Dann freylich fiel' es uns etwas schwer
Zu glauben, er habe mit ihr den Rosenkranz
                    zu beten
Sich eingeschlossen; wiewohl so was von unge-
                    fähr
Begegnen kann. Doch, dem sey wie ihm wolle,
Der Neger, der sich selbst sein volles Recht
                    erwies

Und wenig oder nichts von seinem Reitz sich
    · verhiefs,
Spielt bey den beiden Prinzessen als Meister
    seine Rolle.

4.   ·

Kaum schlüpfte der Sonnenwagen ins Abend-
    meer hinab,
So sah man den ganzen Garten (er gab
Den Geistern nur einen Wink) in buntem Feuer
    stehen.
Die Schwestern gestanden, sie hätten an Bam-
    bo's Hofe sogar
(Wiewohl der Sultan ein Freund von Feuer-
    werken war)
Nur Schattenwerke, verglichen mit diesem,
    gesehen.
Die Bäume, die Äste, das Laub, die Blumen,
    alles schien
Durchsichtig, wie funkelnde Steine im Sonnen-
    schein, zu glühn:
Dem alten Proteus gleich verwandelt sich hier
    das Feuer ¹)
In tausend Wundergestalten und schimmernde
    Abenteuer.

5.

Bald spritzt es in die Luft gleich Wasserstrah-
        len empor,
Bald stiebt es in glänzenden Flocken, wie
        Schnee, zur Erde nieder,
Bald scheint es in flammenden Strömen, wie
        fliefsende Lava, wieder;
Hier mischen sich neue Gestirne der Sfären
        erstaunendem Kor,
Dort steigen feurige Drachen, wie aus dem
        Avernus, hervor,
Und schütteln Donner und Blitz von ihrem
        schwarzen Gefieder.
Ein langer grüner Gang, durch den der Neger sie
Zum schönsten Gartensahle leitet,
Wird plötzlich vor ihren Augen zu einer Galerie
Voll Schildereyen, wozu Vulkan die Farben
        bereitet.

6.

Hier nähert Zevs, in himmlische Flammen
        gehüllt,
Der schönen Semele sich, ein Gott in gött-
        lichem Staate
Der Tochter des Staubes; zu spät erkennt sie
        im tödtlichen Rathe
Der Nebenbuhlerin Wuth; 2) ihr Mund, ihr
        Busen schwillt

Von überirdischem Feuer; doch in den erlö-
        schenden Blicken
Mischt selbst mit Todesangst sich wollüstiges
        Entzücken.
Ihr gegen über liegt, in Junons Majestät
Und hohen Reitz verkleidet, das schöne Unge-
        heuer,
Das Zevs, an Ixions vermessenem Feuer
Die keusche Gemahlin zu rächen, aus einer
        Wolke gedreht.

7.

Von Götterwein trunken und heifsem Verlangen,
Schleicht Tantals Sohn an Iris Hand herbey,
Voll Hoffnung, bald, von Junons Armen
        umfangen,
Zu wissen wie süfs der Kufs der höchsten Göt-
        tin sey.
Die falsche Juno scheint, ihn stärker zu ent-
        zünden,
Halb lächelnd halb erzürnt sich seinem Kufs zu
        entwinden:
Sie schlüpft ihm aus der Hand, er setzt ihr
        hitzig nach;
Stracks füllt ein schwarzer Dunst das ganze
        Schlafgemach,
Ein Wirbelwind, mit donnernden Blitzen beladen,
Ergreift und spiefset den Frevler an Flegethons
        schroffen Gestaden.

8.

Durch solche Scenen, wo Schrecken, Erstaunen
und Vergnügen,
Auf seltsame Weise vermischt, das Auge gefäl-
lig betrügen,
Führt seine Gäste der Mohr in einen neuen
Sahl,
Der sich noch einem Sinne durch seine Wunder
empfahl.
Aus allen Ecken erschallten Gesänge und Sym-
fonien,
Wie Bambo's Töchter sie nie an ihrem Hofe
gehört;
(Mit diesem gewöhnlichen Lobe ward das Kon-
cert beehrt)
Sie wünschten, um alle die Lust in sich hinein
zu ziehen,
Ganz Ohr zu seyn: aber der Neger, dem ihr
Entzücken gefiel,
Entzog sie unvermerkt dem süfsen Ohrenspiel.

9.

Es schweben unzählige Sylfen, wie Liebesgötter gebildet,
Auf Rosengewölken daher, die leichten Flügel
vergüldet.
Bey ihrem säuselnden Flug ergofs sich ein lieb-
licher Duft

Von Nelken, Citronenblüthen und allen Quint-
essenzen
Der Blumen im Paradies. Ihr buntes, wim-
melndes Glänzen
Entzückte das Aug', und in der mittlern Luft
Erschienen unzählige Regenbogen
Auf tausendfältige Art in Liebesknoten ver-
zogen,
Worin, nicht ohne Verdruſs des schönen Amadis,
Der Nahme der beiden Schwestern sich leicht
entziffern lieſs.

10.

Stolz glänzt im Auge des Wirths, in den
Augen der weiblichen Gäste
Vollkommene Lust. Doch, soll ich's euch
gestehn?
Ich hätte mich bey einem solchen Feste
Bald satt gehört, geschmeckt, gerochen und
gesehn.
Ein leichtes Mahl in selbst gepflanzten Schatten,
Durch deren dünnes Gewebe die Abendsonne
scheint,
Beym rosenbekränzten Becher ein muntrer
Sokratischer Freund,
Und, ehe zum Schlaf die ruhigen Sinnen
ermatten,
Aus einem Munde, wo Reitz und Unschuld
blüht,
Zur sanften Theorbe ein fröhliches Lied —

11.

Diefs nenn' ich mir ein Fest! — Doch keiner
   Seele verwehrt
Vom blofsen Hören bey meinem Feste zu
   gähnen,
Und seine Freuden von Pracht und Zauber der
   Kunst zu entlehnen.
Ein jeder reite, vor mir, sein kleines hölzernes
   Pferd
Nach seiner Weise; diefs ist der Wahlspruch
   meiner Kamönen.
Er zäum' es, wenn er will, anstatt beym Kopfe
   beym Schwanz,
Wir wollen, ihm zu gefallen, nur leise darü-
   ber lachen.
Die grofse Kunst, den alten häfslichen Drachen,
Der uns zum Bösen versucht, sein Spiel ver-
   lieren zu machen,
Ist guter Muth und Toleranz.

12.

Noch schallte der fröhliche Lärm des Festes
   weit umher,
Als vor des Schlosses goldnen Thoren
Ein Ritter sich hören liefs, der seinen Weg
   verloren,
Und, weil ein glücklich Ungefähr
Zu einem Schmaus ihn bringt, (wenn anders
   seine Ohren

Kein Nachtgeist äfft) für besser fand, davon,
Wie einer den seine Mutter zu guter Gesell-
    schaft geboren,
Auch seinen Antheil zu nehmen, als, wie ein
    Erdensohn,
Bey gutem Appetit und unbefriedigtem Magen,
Sein Nachtquartier im Freyen aufzuschlagen.

13.

Wofern er Durst und guten Humor
Zu bringen schwört, (liefs ihm auf sein
    bescheidenes Fragen
Nebst seinem Grufs der Herr des Schlosses sagen)
So öffnet ihm sogleich das Thor.
Der Ritter schwor, er habe seit mehr als
    dreyfsig Stunden
Noch keine Zeit zum Tafelhalten gefunden;
Und, was den Humor betrifft, lafst euch die
    Sorge vergehn,
(Sprach er zu einem Edelknaben)
So bald wir mit unserm Magen uns erst ver-
    glichen haben,
So sollt ihr euere Wunder sehn!

14.

Auf dieses wurde mein Mann, beym Schein
    von hundert Fackeln,
Und, auf des Negers Wink, beym Spiel
Von hundert schnarrenden Geigen, die ihm
    entgegen rackeln,

Herbey geführt.   Der Empfang versprach nicht
viel;
Allein der Fremde war klug.   Ihm winkten
blinkende Flaschen,
Und Schüsseln, wovon der Duft ein Göttermahl
versprach,
Und Schönen, die ein Verlangen dem Neger
sie wegzuhaschen
Beym ersten Anblick erweckten.   Der Ritter
bezeigte demnach
Sich mächtig vergnügt, in solchen Zaubergründen
So gute Musik und so gute Gesellschaft zu
finden.

15.

Die Damen stellten sich an, als wäre des Frem-
den Gesicht
Das Neueste was sie sähen.   Er, der nicht erst
seit gestern
Die Welt bereiste, verstand den Wink der
schönen Schwestern,
Und stellte sich gleichfalls als kenn' er sie nicht.
Der Neger seines Orts thut was dem Herrn
vom Hause
Geziemt, und heißt den Ritter zu seinem bes-
ten Wein,
Und allem, was sein Schloß vermag, willkom-
men seyn:
Und drauf erfolgt, wie billig, eine Pause,

Worin sich der Fremde durch seinen Hunger
dem Mahl,
Und durch die schönste Reihe von Zähnen den
Damen empfahl.

16.

Indessen ging ein mächtiger goldner Bokal,
Bereichert mit Amethysten, Rubinen und
Topasen,
Auf unsers Ritters und seiner erlauchten Vet-
tern, Basen
Und Neffen Wohlergehn, und auf die glück-
liche Wahl
Von einer schönen Braut, 3) und so weiter —
so manches Mahl
Vom Neger zu ihm und von ihm zum Neger,
bis beider Nasen
Dem Kamm von einem kalkuttischen Hahn
Die Farbe streitig machten. Kaum setzte der
Ritter nieder,
So kommt der höfliche Wirth mit einem vollen
wieder.
Man glaubt, er habe diefs aus Politik gethan:

17.

Denn seit der Traubensaft von Schiras, Alikante,
Vom Vorgebirg' und vom Vesuv
Dem Ritter durch die Adern rannte,
Vergafs er unvermerkt, dafs keine der Damen
ihn kannte.

Er fühlt auf einmahl einen Beruf
Galant zu seyn und zärtliche Sachen zu sagen,
Sein Herz, das nun von doppeltem Feuer glüht,
Zur Rechten und Linken anzutragen,
Und, wie auf einen Moment der Neger seit-
    wärts sieht,
Verliebte Stürme auf Wangen und Arme zu
    wagen.

18.

Die schöne Kolifischon, die auch sich beru-
    fen fühlt
Den Ritter durch ihre Künste der keuschen
    Schwester zu stehlen,
(Die ihn nach ihrem Brauch nur durch die
    Wimpern beschielt)
Ließ ihres Ortes es ihm nicht an Ermunterung
    fehlen.
Der Neger, wiewohl er bereits dem Zustand
    nahe war,
Worin der Vater Silen, von einem nervigen
    Paar
Satyren halb zu beiden Seiten getragen,
Halb taumelnd auf seinem Thier, dem tieger-
    gezogenen Wagen
Des Bacchus folgt, sah blinzend noch immer
    genug,
Zu sehen, daß seine Göttin sich etwas verdäch-
    tig betrug.

19.

Was sollt' er thun? Es war zu wenig, den Drachen
Defswegen zu spielen, zu viel, den Blinden
dabey zu machen;
Zumahl, da Schatulliöse, mit ihrem Amadis
In Augengespräche vertieft, nicht sehr geneigt
sich wies,
Zu seinen plumpen Schmeicheleyen
Noch Ohr noch Hand noch Lippen herzuleihen.
Das Klügste däucht ihm demnach, in eine See
von Lünell
Den Nebenbuhler zu stürzen. Allein Herr
Karamell
(Ihr habt doch schon, dafs Er es war, errathen?)
War in der bacchischen Kunst ein Mann von
grofsen Thaten.

20.

Er hielt's für Ritterpflicht, bey einem Trink-
gelag
Vom Kampfplatz eher nicht zu weichen,
Als bis sein Feind zu Boden lag:
Ein Skythisches Axiom, worin auf diesen Tag
Ihm zwischen dem Ister und Rhein viel edle
Knechte gleichen.
Er wehrte sich wie ein Athlete, wiewohl Herr
Amadis

Beym dritten Deckelglas ihn schon im Stiche liefs;
Bis endlich, ganz aufs Haupt geschlagen,
Und ohne Gefühl von Gnomen zu Bette getragen,
Der Neger das Feld und die Schönen dem Sie-
     ger überliefs.

21.

Herr Karamell hatte den alten Ruhm der Skythen,
Von welchen er Landsmann war, behauptet
     wie ein Held;
Doch, Vortheil davon zu ziehn, blieb diefs-
     mahl ausgestellt.
Er hatte den Sieg zu theuer erkaufen müssen:
     ihm glühten
Die starren Augen, er spitzte vergebens zu
     einem Kufs
Den unbeweglichen Mund, kurz, weder Hand
     noch Fufs
Noch Zunge wollten mehr von ihm Befehle
     nehmen.
Er folgte demnach der Damen gutem Rath,
Und legte, nicht ohne des Sieges ein wenig sich
     zu schämen,
Auf einen Sofa sich hin in seinem vollen Staat.

22.

Herr Amadis blieb nunmehr, wiewohl mit
     Keuschheitswächtern
Von allen Seiten umringt, allein bey Bambo's
     Töchtern.

Doch, da noch immer ein jeder Versuch mifs-
        lang
Den Kolifischon auf seine Zärtlichkeit
        wagte,
Bewies ihr auf einmahl der Lerchengesang
Dafs es auf unserer Hälfte der Erdenkugel tagte.
Sie nahm die Schwester beym Arm, wie zärt-
        liche Schwestern thun,
Und wünschte dem spröden Ritter mit Lächeln,
        wohl zu ruhn.
Vier Sylfen leiteten sie, beym Schimmer
Von Fackeln aus Aloeholz, in ihre bestimmten
        Zimmer.

25.

Der Schlafgott senkte nun sein bleyernes Raben-
        gefieder
Im ganzen Schlofs auf alle Augenlieder:
Nur unser Held allein, den seine Schwärmerey
Beredet dafs der Schlaf ihm unanständig sey,
Geht, glücklich in seinem Wahn, um unter
        düftenden Bäumen
Von seinem Ideal mit offnen Augen zu träumen.
Indem er noch beschäftigt war,
Was ihm, bey längerm Bedacht, ein wenig
        sonderbar
In seiner Entzauberung schien sich selber aus-
        zulegen,
Däucht ihm, er höre was im nächsten Gange
        sich regen.

24.

Er unterscheidet das Rauschen von einem seid-
nen Gewand,
Und, nach der Logik der Liebe, wen konnte
diefs Rauschen verkünden
Als seine Göttin? Denn, o! wie viel empfand
Bey diesem Rauschen sein Herz! — Er eilet
sie zu finden,
Und findet — Kolifischetten, die, ohne
ihn zu sehn,
In tiefen Gedanken ging. Er bleibt voll
Unmuth stehn;
Denn umzukehren und zwischen den Myrten-
hecken,
Ohn' einen scheinbaren Grund, vor ihr sich zu
verstecken,
Schien gegen die Regeln des Wohlstands zu gehn,
Und mit zu weniger Schonung sein Herz ihr
aufzudecken.

25.

Er blieb demnach, in Hoffnung von ihr gesehn
Zu werden, wie gesagt, an einer Ecke stehn,
Wo, ohne ihm geflissentlich auszuweichen,
Sie nicht vermeiden kann an ihm vorbey zu
streichen.
So, denkt er, mufs sie unfehlbar mich sehn.
Allein sie fand für gut mit ihrem Fächer zu
spielen,

Und, ohne nur einen Blick auf seine Person zu
schielen,
Ganz langsam ihren Weg zu gehn.
War diefs Verachtung? — Wer könnte sich
verwehren
So einen Zweifel wie diesen sich selber aufzu-
klären?

26.

Durch einen Seitengang schleicht er nochmahls
sich so nah'
Dafs sie ihn sehen mufs. Allein die Dame sah,
Bis sie vorüber war, zur Linken im Gebüsche
Zwey schönen gehaubten Täubchen, die dort
sich schnäbelten, zu.
Wer dächte wohl, dafs so wenig genug ist
die Seelenruh'
Von einem Helden zu stören? — „Wie?
Gestern Abend bey Tische
So zärtlich, und jetzt bis zur Beleidigung
kalt!
Sie schien ihm so viel mit ihren Augen zu
sagen;
War's nur zum Zeitvertreib? War's Schatul-
li ö s e n zu plagen?
War's gar ein andrer Mann, dem jene Zärt-
lichkeit galt?"

27.

Diefs Unrecht ging ihm itzt um so viel mehr
zu Herzen,
Da sie ein Morgengewand, womit die Zefyrn
scherzen,
Gewählt zu haben schien um ihre Nymfen-
gestalt
In ein verführerisch Licht zu setzen.
War's Grille, oder was war's, dafs sie sich
so benahm?
Und will sie vielleicht sich nur an seiner
Verwirrung ergetzen?
Er ward sich selbst und dem Licht und den
Nymfengestalten gram,
Und doch, ich weifs nicht wie es kam,
Befand er bald darauf, in einem kleinen Fieber
Verwirrter Regungen, sich der Schönen gegen
über.

28.

Jetzt konnte sie nicht umhin, das feine Kom-
pliment,
Womit er sie begrüfst, ihm höflich wieder zu
geben.
Sie stellt sich klüglich als eine, die eben
Den wieder gefundenen Freund in einem Frem-
den erkennt.
O! ruft sie, des gütigen Zufalls! Wie find' ich
Sie, mein Bester,

So unverhofft in diesen Gärten hier?
Wo, wenn man fragen darf, wo haben Sie
    meine Schwester,
Die Blonde, gelassen? — Jedoch, vor allem
    gebührt es mir
Sie zu berichten, wie ich, nachdem wir
    Abschied genommen,
Mit Blömuranten, dem Seufzer, in die-
    ses Schloſs gekommen.

29.

Sie schlendert, indem sie erzählt, an seinem
    Arme fort,
Und nimmt, als wär' es bloſs ein Werk des
    Zufalls gewesen,
Den Weg unmerklich nach dem Ort
Wo Schatulliöse des Ritters Bezauberung
    aufzulösen
Die Ehre gehabt. Sie traf es auf ein Haar,
Daſs sie die Stelle, bey welcher ganz sachte
    vorbey zu schleichen
Er Miene macht, in eben dem Nu erreichen,
Da sie mit ihrer Geschichte fertig war.
Das Feuer, das auf den Wangen des armen
    Ritters brannte,
Verrieth ihr, daſs er den Ort nur gar zu gut
    erkannte.

30.

Betroffen sucht er, wiewohl verstohlner Weise
    nur,
In ihren Augen auf, ob diefs ihr Gedanke
    gewesen?
Allein die schlaue Kreatur
Liefs selten in ihren Augen, was sie nicht
    wollte, lesen.
Nun, sprach sie, mein Herr, ich dächte wir
    setzten uns hier
Auf dieses Säulengestell, und Sie erzählten mir
Was I h n e n, seitdem wir uns trennten, für
    schöne Avantüren
Begegneten. Zwar hat Fama, die Wahrheit zu
    sagen, davon
Uns etwas ins Ohr geflüstert; allein, die kennt
    man schon!
Sie pflegt die Geschichte gern ein wenig zu
    brodieren.

31.

„Die F a m a? — (spricht mein Held mit glü-
    henden Wangen) Madam,
Ich bin ihr verbunden, wofern sie diese Mühe
    sich nahm,
Doch hätt' ich nicht gedacht, dafs solche Klei-
    nigkeiten —“
Bescheidenheit! ruft die Prinzessin: an einem
    Manne wie Sie

Sind Dinge bemerkenswürdig, die nichts an
　　　　andern bedeuten.
Doch, um Vergebung, mein Herr, wenn diese
　　　　Melodie
Ihr Ohr vielleicht verletzt? — „Sie scher-
　　　　zen." — Und Sie erröthen?
„Das dächt' ich nicht." — Zum Bren-
　　　nen!— „So muſs der gestrige Wein—"
Aufrichtig, mein Herr, ich sehe nicht ein
Warum Sie verlegen sind; was hätten Sie das
　　　　vonnöthen?

52.

Doch! — Nun errath' ich es — Richtig! das
　　　　löst das Räthsel mir auf!
Bekennen Sie, Ritter, Sie sind ein kleiner
　　　　Ungetreuer?
Sie spielen gerne den Damenbefreyer,
Allein, Sie setzen, so scheint's, auch einen
　　　　Preis darauf.
„Prinzessin, ich sehe Sie wissen —"
　　　　Von Ihrer geheimen Geschichte
Ein wenig mehr, mein Herr, als einem gewis-
　　　　sen Paar
Behagen mag. — „Madam, aus diesem
　　　　Ton ist klar
Daſs Ihnen die Sache in einem fal-
　　　　schen Lichte —"

Verzeihen Sie mir! auch darin irren Sie
      Sich;
Ich habe sie von der Quelle; der Neger bewir-
      thete mich

33.

Mit jedem Umstand davon. Es war, man muſs
      gestehen,
Ein tückischer Einfall von ihm, Sie in dem
      drohenden Stand,
Worin er, wie man sagt, bey Blaffardinen
      Sie fand,
Den Nymfen zum Schrecken so lang' in sei-
      nem Garten stehen
Zu lassen, bis sich, wer weiſs aus welchem
      Feenland,
Die Obermeisterin von allen Preziösen
Hieher verirrte, mit eigner keuscher Hand
Den Zauberknoten aufzulösen.
Es war sehr glücklich, mein Herr, daſs diese
      in Schatulliösen
So bald zu Ihrem Troste sich fand!

34.

Sie hätte ja eben so leicht am andern Ende der
      Erden
Versteckt seyn können und lange vergebens
      erwartet werden. —
„Prinzessin, (versetzt der Ritter mit etwas
      Ungeduld)

Mich geb' ich Preis; nur schonen Sie, darf
ich bitten,

Des Ruhmes von einer Dame, die ohne ihre
Schuld

Schon mehr als zu viel um meinetwillen
gelitten!" —

Sie haben Recht, mein Herr; es wäre lieblos,
ihr

Die Ohnmacht, worin sie lag, zum Vorwurf
machen zu wollen.

Wie hätte sie nicht in Ohnmacht fallen sollen?

So wie die Sache lag, was that sie als ihre
Gebühr?

35.

Wo ist ein Mädchen von feinem Gefühl für
Ehre,

Die gegen das Urtheil der Welt, das niemand
mehr als wir

Zu fürchten hat, so fest gepanzert wäre,

Um nicht dasselbe zu thun? Und wirklich,
verzeihen Sie mir,

Läfst für ein Mädchen, zumahl für eine Prinzessin, von Ehre,

Die wenigstens das, was viele den bösen
Schein

Zu nennen pflegen, scheut, sich schwerlich ein
Unfall erdenken,

Worin es verdriefslicher wäre zur Ohnmacht
        gezwungen zu seyn.
Das weifs ich, gerieth' ich je in solch ein
        Unglück hinein,
Ich würde mich selbst in meinen Thränen
        ertränken!

36.

Bedenken Sie selbst, mein Herr, — Hier fand
        der Paladin,
Der bis hieher auf glühenden Kohlen gelegen,
Es länger auszustehn geh' über Menschenver-
        mögen.
Schon schwebte ein derber Fluch auf seinen
        Lippen, als ihn
Zu gutem Glücke die Ankunft der Dame seiner
        Gedanken
Zum zweyten Mahle befreyt. Zwar fing sein
        hoher Begriff
Von ihrer Tugend bereits ein wenig an zu
        wanken:
Allein er hätte zur Schmach, auf einem Räu-
        berschiff
An Ketten zu rudern, sich eher verglichen,
Als länger gemartert zu seyn mit solchen Wes-
        penstichen.

37.

Die Sultanstochter erschien demnach
Als eben von seiner Geduld der letzte Faden
    brach.
Entzücken war in seiner ersten Regung;
Allein, sie kam — an Karamells Arm!
Diefs stimmte flugs die zweyte Bewegung
Zehn Grade tiefer herab. Sein Kopf war itzt
    zu warm,
Um nur ein Stäubchen mehr als er bereits
    ertragen
Erträglich zu finden. Ihm schwoll das Herz
    empor,
Er hätte sich gern mit der ganzen Welt
    geschlagen,
Und wirklich nahm er den Ritter, statt bey
    der Hand, beym Ohr;

38.

Zwar blofs aus Zerstreuung. Auch, fern dafs
    er's gerüget hätte,
Begnügte Herr Karamell sich, mit seinem
    flegmatischen Ton
Zu sagen: Diefs ist mein Ohr, Herr Ritter! —
    Selbst Kolifischette
Fing an zu merken, sie habe die Indiskrezion
Zu weit getrieben, und suchte den Fehler gut
    zu machen.

Bald fand man sich wieder geschickt von nichts
        bedeutenden Sachen
Zu schwatzen, zu lachen, zu tändeln; und
        unser Paladin
Sah in des fremden Ritters und Schatulliösens
        Betragen
Nichts, das ihm Grund zu geben schien,
Ihm seine Freundschaft, ihr sein Zutraun
        aufzusagen.

59.

So kann, trotz seinem Falkenblick,
Ein warmer Kopf oft falsch aus wahren Bemer-
        kungen schliefsen!
Wir hielten nehmlich bisher mit einem Geheim-
        - nifs zurück,
Das wir dem Leser, *sub rosa*, nunmehr eröff-
        nen müssen.
Dafs Karamell lange schon an Schatulliö-
        sen hing,
Als diese aus Angst vor dem Riesen ins Netz
        des Tritons ging,
Und welchen Dank, für alles sein Bestreben
Ihr zartes Herz zu gewinnen, der arme Ritter
        empfing,
Da sie den Vorzug vor ihm Don Boreassen
        gegeben:
Diefs wird dem geneigten Leser in frischem
        Gedächtnifs noch schweben.

40.

In Karamells Busen lag das Unrecht tief ver-
wahrt,
Das er durch ihre Wahl erlitten zu haben
glaubte.
Wiewohl er, da ihn der Zufall mit D i n d o -
n e t t e n gepaart,
Sich eine kleine Zerstreuung erlaubte,
So schwor er doch — und schwor's bey küh-
lem Blut —
Nichts sollte die Ungetreue vor seiner rächen-
den Wuth
Beschützen, so bald er dazu nur eine Gelegen-
heit fände.
Nun hatte sie, eh' er's gehofft, das Glück in
seine Hände
Gespielt, und der neue Beweis von ihrem Wan-
kelmuth
Trieb ihm die Galle nun vollends ins Blut:

41.

Und da er sich, durch einen der dienstbaren
Geister
Im Hause, mit leichter Mühe zum Meister
Von ihrem Geheimniß gemacht, so war die
Schwierigkeit
Nicht groß, den Angriffsplan gehörig anzu-
legen.
Der Dame selbst war eine Gelegenheit,

Sich wieder in Achtung bey ihm zu setzen,
          nicht entgegen.
Sie hatten sich also, so bald sich diese gezeigt,
Zu einem Spaziergang in den Alleen
Des Parks bestellt, von süfser Hoffnung gesäugt,
Einander wechselsweise nach Lust zu hinter-
          gehen.

         \   42.

Und weil man des Ritters vermeintliche Klage
Genauer zu untersuchen beschlossen (was bey
          Tage
Nicht thulich war) so wurde von Schatulliösen
          zuletzt
In einem Gartengemach die erste Stunde vor
          Morgen
Zu einem *Tête - à - tête*, doch ungern, an-
          gesetzt.
Denn Karamell, der die Verachtung viel-
          leicht zu wenig verborgen
Die sie ihm einflöfst, hatte mit einem entfalle-
          nen Wort
Sich merken lassen, ihm sey der schwache Ort
Von ihrer Tugend bekannt. Diefs macht ihr
          für Amadis Sorgen;
Wie leicht pflanzt so ein Verdacht auf einen
          Freund sich fort!

43.

Zum Unglück daſs, versteckt in einem Kabi-
nette,
Bey dieser Bestellung ein Zeuge zugegen war,
Ein junger Gnom; und, was noch schlimmer,
gar
Der Kammergnom der schönen Kolifischette;
Ein kleiner Schalk, wie Pagen meistens sind,
Der seine gutherzige Lust in andrer Plage findt,
Und, wenn er Gelegenheit sieht, durch seine
Schelmereyen
Ein zärtliches Paar um einen *Rendez-vous*
Zu bringen, oder um nichts zwey Freunde zu
entzweyen,
Sich einbildt, es schicke der Himmel ein groſses
Glück ihm zu.

44.

Wen' ein Geschöpf von dieser edeln Klasse
Von ungefähr behorcht, verlasse
Sich drauf, es werd' ihm nicht besser ergehn
Als Midas dem König. Der hatte längere
Ohren
Als man an seines gleichen zu sehn
Gewohnt ist; nicht, als hätte die Dame, die
ihn geboren,
An einem Faun sich versehn: Apollo hatte dem
König,

Bey einem bekannten Anlaſs, der Seiner Majestät
Geschmack und inneres Ohr ein wenig
Verdächtig machte, die Ohren um etliche Dau-
     men erhöht.

45.

Don Midas, wie leicht zu erachten, trug eben
     kein Verlangen
Zu diesem Zuwachs vom Hofe den Glück-
     wunsch zu empfangen;
Im Gegentheil verbarg er diese Zier
So gut er konnte. Er war der Erfinder der Fry-
     gischen Mützen,
Die über die Ohren gehn. Allein vor seinem
     Barbier
In einer Frygischen Mütze zu sitzen,
War eine Sache von gröſsrer Schwierigkeit
Als er gedachte, zumahl wenn im Kalender die
     Zeit
Zum Haar - abschneiden kam. Kurz aus dem
     Handel zu kommen,
Der Mann wird in geheim in Eid und Pflicht
     genommen.

46.

Er schwört, das Übermaſs von Majestät
Der Königsohren vor allen lebendigen Seelen,
So lieb ihm die seinigen sind, bis in sein Grab
     zu verhehlen.

Acht Tage schleicht, von seinem Geheimnifs
　　　　geblüht,
Tiefsinnig den Kopf gesenkt, die Stirn in poli-
　　　　tischen Falten,
Der arme Barbier herum, doch länger es aus-
　　　　zuhalten
War keine Möglichkeit. Die Kronik sagt, er sey
Von jenem berühmten Barbier zu Bagdad Ahn-
　　　　herr gewesen,
Von dessen enthaltsamer Zunge wir alle zwei-
　　　　felsfrey
In Tausend und Einer Nacht die seltnen Proben
　　　　gelesen.

47.

Ihn schreckt des Königs Zorn, ihn ängstigt sein
　　　　theurer Eid;
Mit beiden war doch wahrlich nicht zu spafsen!
Doch sein Geheimnifs bey sich verfaulen zu
　　　　lassen
Und endlich daran zu bersten, ist keine Klei-
　　　　nigkeit.
Indessen, da ihn sein Eid doch nur, vor l e b e n-
　　　　d i g e n Seelen,
Verpflichtet, die Schmach des Königs zu ver-
　　　　hehlen,
So giebt sein Genius endlich ihm einen Ein-
　　　　fall ein,

Wobey, wie er glaubt, sein Bauch mit seinem
Eide bestehet.
Er scharrt ein Loch in die Erde, und murmelt
leise hinein
Was ihn acht Tage lang schon so schrecklich
aufgeblähet.

48.

Erleichtert schleicht sich nun der gute Mann
davon,
Und glaubt es schön gemacht zu haben:
Allein im nächsten Lenz, wächst, wo er auf-
gegraben,
Ein kleiner Wald von Rohr, und ein verräth'-
rischer Ton,
So oft mit säuselndem Fittig ein Sohn von
Zefyr und Floren
Es anweht, flüstert aus dem Rohr
Dem, der es hören will, ins Ohr:
Der König Midas hat — Eselsohren.
Der erste, der es hört, hat's kaum dem Nach-
bar vertraut,
So spricht von dem Wunder bereits ganz Fry-
gien überlaut.

Varianten.

Stanze 53, 54

Es war sehr glücklich für Sie, mein Herr, in
      Schatulliösen
Die Dame so bald zu finden. Sie hätte zu
      Samarkand,
Smolensko, Pecking, wer weiſs an welchem
      Ende der Erden
Versteckt seyn können und lange vergebens
      erwartet werden. —
„Prinzessin, versezt der Ritter mit etwas Unge-
      duld,
Verschonen Sie wenigstens doch die liebens-
      würdigste Dame!“ —
Wie, Amadis? Schwärmen Sie gar? Wer hin-
      dert Sie denn, die Dame
(Sie wissen vermuthlich nicht, ihr Nahme
Ist Schatulliöse) zum Dank für ihre vorei-
      lende Huld
Zu würdigen wessen Sie wollen. Auch muſs
      ich sagen, es wäre
Sehr lieblos (nichts Stärkers zu sagen) aus ihrer
      Ohnmacht ihr
Ein groſses Verbrechen zu machen. Sie that
      bloſs ihre Gebühr.

Wo ist in der ganzen Welt, das Meer und die
          Atmosfäre
Mit eingeschlossen, ein Mädchen von feiner
          Empfindung der Ehre,
Die weniger thäte? Und wirklich, erlauben
          Sie mir,
Läfst für ein Mädchen von Ehre sich kaum ein
          Fall erdenken,
Worin es verdriefslicher wäre bey einer Schwach-
          heit sich
Ergriffen zu sehn. Wahrhaftig, ich würde mich
Vor Gram in einer See von meinen Thränen
          ertränken.

Stanze 44, 45.

Die Wahrheit war, es hatte sie Föbus dem
          König
Bey einem bekannten Anlafs erhöht,
Der Seiner Frygischen Majestät
Geschmack und inneres Ohr ein wenig
Verdächtig machte. Don Midas, wie man sich
Leicht vorstellt, trug nun eben kein Verlangen,
Zu diesem Zuwachs öffentlich
Vom Hof und den fremden Ministern den
          Glückwunsch zu empfangen. u. s. w.

Anmerkungen.

1) Dem alten Proteus gleich.

Proteus ist einer von den Meergöttern der zweyten
Ordnung bey den alten Dichtern. Er besaſs die Gabe
der Weissagung; man muſste ihn aber vorher binden,
und ehe er's dazu kommen lieſs, nahm er alle mögliche
Gestalten an; daher das Sprichwort, veränderlicher
als Proteus, und der Horazische Vers: *Quo teneam
vultus mutantem Protea nodo?*

2) Der Nebenbuhlerin Wuth.

Juno, eifersüchtig über diese sterbliche Nebenbuhlerin, hatte ihr unter der entlehnten Gestalt ihrer Amme
den bösen Rath gegeben, sich von Jupiter einen Be-
such in der ganzen Majestät, worin er sich seiner Gemahlin zu nähern pflege, auszubitten. Er kam also
mit Donner und Blitz, und Semele wurde das Opfer
davon.

3) Von einer schönen Braut —

Diese Formen von der uralten Gewohnheit, es einander zuzubringen, so platt sie uns jetzt vorkommen,
waren, zur Zeit da dieses Gedicht gemacht wurde,
noch in dem gröſsten Theile von Deutschland üblich.

DREYZEHNTER GESANG.

1.

Inzwischen hatte Herr Tulpan vom Rausch der
       gestrigen Nacht
Sich wieder hergestellt, und grofse Anstalt
       gemacht
Den Damen und Rittern, mit denen er Spafs
       zu haben gedenket,
Die Zeit zu vertreiben. Man wurde dieses Mahl,
Nach einem unendlichen Schmaus im grofsen
       Spiegelsahl,
Mit einer Opera buffa von seiner Erfindung
       beschenket;
Denn unser Mann war alles was ihr wollt:
Er hatte ein mächtig Talent zu Gastereyen und
       Festen,
Er machte auch Verse — so, so! — sie klan-
       gen nicht zum besten,
Doch desto besser klang sein Gold.

2.

Man lobte an seinem Schauspiel — Verzierung
und Maschinen,
Ihm kostete alles diefs nur einen Zauberschlag;
Mit tausend krystallnen Leuchtern macht' er
die Nacht zum Tag,
Schuf Zaubergärten aus Wüsten und hiefs den
Winter grünen:
Doch, dafs der letzte der Negern, wenn Sylfen
und Gnomen ihm dienen,
Den grofsen Negus selbst hierin verdun-
keln mag,
Ist keine Kunst. Die Herren und Damen
erhoben
Auch seine Musik: allein, was diese betrifft,
So können wir seinen Geschmack am Bunten
und Schweren nicht loben,
Denn uns ist beides Ohrengift.

3.

Es lebe Galuppi und Hasse, und du, erzo-
gen von Musen
Und Grazien, Sohn der Natur, mein Pergo-
lese, du! ¹)
Dir hören, wenn du das Schwert im tief zer-
rissenen Busen
Der göttlichen Mutter beweinst, mitweinende
Serafim zu;

Und o! wem wallet nicht, von neuen Gefüh-
          len umfangen,
Das Herz vor innigem Verlangen
Zu sterben den süfsen Tod, in den dein himm-
          lisches Lied
Den sanft entschlummernden Geist, von Engels-
          harfen umgeben,
Hinüber in Elysium zieht,
Des Weisen Übergang zu einem bessern Leben!

4.

In Ihm, ihr Priester der Musenkunst, studiert
Den hohen Geschmack des Wahren gepaart zum
          Schönen,
Die Kunst mit starken Gefühlen den Busen
          auszudehnen,
Die Kunst, die Steine beseelt und Seelen den
          Leibern entführt.
Seyd stolz genug den neuen Marsyassen [2])
Die eitle Kunst zu überlassen,
Die, ähnlich einem Zauberfest,
Bey ihrem schimmernden Prunk das Herz ver-
          hungern läfst,
Mit Tönen spielt wie Gaukler aus den Taschen,
Und immer blenden will und immer über-
          raschen.

5.

Das Schauspiel, die Tafel, und alles war nun
    gottlob! vorüber,
Und auch der Neger — der gern im Guten sich
    übernahm,
Und schönen Augen, umringt mit Flaschen,
    gegenüber,
Zerstreut durch j e n e, sehr leicht von d i e s e n
    zu viel bekam —
Ward, zwischen Seyn und Nichtseyn (nach sei-
    ner Gewohnheit) verloren,
Zum Troste der Damen, zu Bette bugsiert,
Kurz, alles im Hause schlief, und lag noch auf
    den Ohren:
Als um die Zeit, wenn vor Auroren
Die braune Nacht in Dämmerung sich verliert,
Die keusche Wittwe des Triton, in sieben
    Schleier drappiert,

6.

Sich, eingedenk ihres Versprechens, nach dem
    bestimmten Orte,
Beym funkelnden Lichte der *Spica Vir-
    ginis* 3)
Von ihren Füßen tragen ließ.
Sie fand, wie billig, an der Pforte
Des Sahls D o n K a r a m e l l e n schon,
So frisch und schmuck wie weiland Seladon,
Mit offnen Armen ihrer warten.

Sie spricht: Ich dächte, mein Herr, weil's
noch in diesem Sahl
Sehr dunkel ist, wir gingen in den Garten?
Dort haben wir doch die Sterne zu Zeugen. —
„Ein andermahl,

7.

Wenn's Ihnen beliebt, Prinzessin; nur diefs-
mahl nicht! Ich bitte
Bemühen Sie Sich in meine kleine Hütte,
Sie ist mit einem Sofa möbliert — "
Mit einem Sofa, mein Herr? — „Auf dem
sich's herrlich lieget.
Man wird so sanft darauf gewieget!" —
Mein Herr, Sie haben mich zu einem Schritte
verführt,
Wobey ich Mühe habe mich für mich selbst zu
halten.
Sie sehen wie weit mein Vertrauen auf Ihre
Weisheit geht! —
„Ich kenne, versetzt der Ritter, und ehre die
Majestät
Von Ihrer Tugend, Madam; hier ist, sie zu
entfalten,

8.

Die schönste Gelegenheit da; sie soll bey Ihrem
alten
Blaubärtigen Triton nicht besser versorgt gewesen seyn!

Geruhen Sie alle Skrupel für überflüssig zu
halten;
Sie waren wohl eher mit einem Don Boreas
allein!" —
Diefs, fällt sie ein, diefs ist es eben,
Was, Ihnen den Schlüssel zu meinem Betra-
gen zu geben,
Diefs leidige *Tête-à-tête* mir abgenöthigt
hat. —
„Ich bitte Sie, schönste Prinzessin, kein Wort
hievon zu verlieren!
Wo niemand klagt, findt keine Vertheidigung
Statt;
Sie sind in dem Alter Sich selber zu regieren.

9.

Wer hat ein Recht zu fragen, was machen
Sie da?
Und könnt' ich allenfalls durch das was jüngst
geschah
Beleidigt scheinen, so ist — ich schwör's bey
allen Kreisen
Des Ptolemäischen Himmels! — ein einziges
Mittel nur
Mir Ihre Unschuld zu beweisen. " —
Und welches? fragt die sanfte Kreatur
Mit lispelndem Ton. — „Es ist, mich kurz zu
fassen,

Auf diesen Sofa Sich gnädigst niederzulassen —"
Was für ein grillenhafter Mann
Sie sind! Ich sehe nicht, was diefs beweisen
      kann.

10.

Doch Ihnen gefällig zu seyn, da bin ich! —
      „Reitzende Güte!
Wie sehr ` verbinden Sie mich! In diesem
      Augenblick
Wird alles Vergangne zum Traum. Der müfst'
      ein doppelter Skythe,
Ein Karaibe seyn, aus einem knotigen Stück
Von Eichenholz gehackt, der sich, so nahe
      bey Ihnen,
Auf einem elastischen Sofa, vom Morgenstern
      beschienen,
Nicht sehnte, den leisesten Wunsch gereitzter
      Rachbegier
Zu Ihren Füfsen auszuhauchen." —
Wie, Karamell? (spricht die Dame) Sie reden
      so mit mir?
Vergessen Sie nicht, mein Herr, ein wenig
      Respekt zu brauchen!

11.

Der Ritter, nicht sehr durch diese Grimasse
      geschreckt,
Erwiedert: „Sie scherzen, Prinzessin! Wer
      weifs es besser, wie brünstig,

Wie lange Sie Karamell liebt, und ach! Sie

    fodern Respekt!

Itzt, da der Stern der Liebe zum ersten Mahl

    ihn günstig

Bescheint, Respekt! Sie selbst, was dächten

    Sie von ihm,

Wofern er, wie ein Thor, die schönste der

    Morgenstunden

Entschlüpfen liefse?" — Mein Herr, Sie wer-

    den ungestüm!

Vermefsner! was haben Sie je in meinem Betra-

    gen gefunden,

Das eine Sprache wie diese — „Prinzessin,

    fällt er ein,

Ich bitte Sie, zwingen Sie mich nicht, indis-

    kret zu seyn!

12.

Nichts vom Vergangnen zu sagen (ich will Sie

    Boreassen

Und Ihren Wassermann selbst ganz gern verges-

    sen lassen)

Allein, ich weifs Sie lieben den schönen

    Amadis;

Sie haben Sich ihn zur Dankbarkeit verbunden;

Der Stand, worin Sie ihn in diesem Garten

    gefunden,

Die Gunst, die Ihre Hand ihn damahls fühlen

    liefs,

Diefs nennt man Proben, die keinen Zweifel
erlauben!

Sie sehen, Erläutrungen wären bey mir nicht
angewandt.

Was brauchen Sie das? Ist Ihnen mein Herz
nicht längst bekannt?

Ich will von allem nichts zu Ihrem Nachtheil
glauben:

13.

Doch, sprechen Sie selbst, verdient so viel
Ergebenheit

An Ihrer Seite nicht auch ein wenig Dankbarkeit?" —

Die Dame seufzte, schwieg, und fiel in tiefe
Gedanken;

Nur läfst ihr, sich frey zu entschliefsen, der
Grausame keine Zeit,

Und endigt, was weifs ich wofür, sich ziemlich kalt zu bedanken.

Zum Unglück stiefs unmittelbar

An eben diesen Sahl, worin wir Schatulliösen

Beschäftigt sehen die Zweifel des Ritters aufzulösen,

Ein kleines *Boudoir* an, das ihnen unbekannt war,

Und — rathet, wer darin gewesen?

14.

Wer anders als Amadis selbst? — Das war
ein häfslicher Streich!
So geht's, wenn man vergifst, dafs Wände
Ohren haben!
Der naseweise Gnom von einem Edelknaben
War einzig Schuld daran! Nun denket selbst,
wie euch
Bey einer solchen Verhandlung die dritte Per-
son gefiele!
Sie wufsten zwar von nichts, und glücklich
war's für sie!
Doch Amadis, dessen Rolle bey diesem Freu-
denspiele
Die angenehmste nicht war, fand desto gröfsre
Müh',
Sich selbst in Fassung zu halten. Schon folgte
dem raschen Triebe
Der zornigen Seele sein Arm, dem Trieb belei-
digter Liebe;

15.

Schon wollt' er den Degen ziehn, und hätte
durch Einen Stofs
Zwey schuldige Seelen dem Orkus zugesendet.
Allein, erschrecket nicht! die Gefahr ist nicht
so grofs;
Denn, da er ziehen will, so war ihm das
Eisen entwendet.

Das hatte der schelmische Gnom aus schlauer
        Vorsicht gethan,
Den Spaſs dadurch vollständig zu machen.
Wie lustig wird es seyn (er muſs zum voraus
        lachen)
Wenn Amadis, schnaubend und roth wie ein
        gereitzter Hahn,
Den Degen aus der Scheide ziehet,
Und nur ein hölzernes Eisen in seinen Händen
        siehet!

16.

In Fällen dieser Art kommt einem Biedermann
Sein S e n e k a vortrefflich zu Statten:
Er sagt uns gegen den Zorn, was man nur
        sagen kann
Wenn Witz und kaltes Blut sich mit Rhetorik
        gatten.
„Ein Weiser sollte den Thoren, den Wurm,
        die Mücke, die ihn
Gestochen, mit seinem Zorne beehren?
Ihn sollten Dinge, die nicht zu seinem Wesen
        gehören,
Ein schlüpfriges Weib, ein kleiner Baladin
Von einem Gnom, in seiner Ruhe stören,
Und aus sich selbst heraus in ihren Wirbel
        ziehn?"

17.

Mit solchen Frasen kühlte der Ritter
Sich selber vollends ab, so wie sich das Unge-
    witter
In seinem Blute zertheilte; und, merkten wir's
    nicht an,
So dächte wohl keine Seele daran,
Daß sieben Achtel davon dem kleinen Gnom
    gehören,
Der so besonnen war, sein Eisen in Holz zu
    verkehren.
Er hat nichts dringenders nun, als aus dem
    verhaßten Schloß
Sich auf der Stelle zu verbannen;
Er schleicht sich unbemerkt fort, besteigt sein
    edles Roß,
Und reitet im großen Trott von dannen.

18.

Schon ritt er einen halben Tag,
Unmuthig — wie ein Fuchs, der einen Hüh-
    nerschlag
Zu wohl verschlossen fand, mit eingezogenem
    Bauche,
Gesenktem Schweif und melankolischem Blick,
Unwillig sich entfernt, und nach dem Hofe
    zurück
Oft traurig schielt, und seinem aufwirbelnden
    Rauche.

Das Gleichnifs, in der That, ist von den edel-
sten nicht,
Doch immer so gut, als, wenn in seinem
erhabnen Gedicht
Den Ajax, der dem Schwall der Feinde langsam weichet,
Altvater Homer mit einem Esel vergleichet;

19.

Wiewohl Herr Dacier uns mit gutem Fuge
belehrt,
Dafs dazumahl das Thier mit langen Ohren
In höherm Ansehn stand, als seit es seinen
Werth
Durch die Vergleichungen verloren,
Womit man, auf seine Kosten, zweybeinige
Thiere beehrt. 4)
Der Ritter also hing die Ohren
Und sprach kein Wort: als endlich Ferafis,
Sein Sekretär, nach öfterm Husten, es wagte
Und seinen Herrn um den Grund von dieser
Traurigkeit fragte:
Darf man sich unterstehn, Herr Ritter Amadis,

20.

Zu fragen, warum Sie so hastig aus einem
Schlofs Sich entfernten,
Worin wir so wohl uns befanden, und Damen
kennen lernten,
Dergleichen man in diesem wilden Refier

Zu finden schwerlich hoffen konnte,
Und just, da ein näher Verhältnifs sich anzu-
          spinnen begonnte,
So rasch Sich entfernten? Sie sind, vergeben
          Sie mir,
Ein wenig zu spröd, und haben die Thränen
          auf Ihrem Gewissen,
Die ein so unverhoffter Entschlufs
Der schönen Schatulliöse unfehlbar kosten
          mufs.
Ich irrte mich, wie ich sehe, gar sehr in mei-
nen Schlüssen.

21.

Ein tiefer Seufzer war alles, was unser Held
          hierauf
Versetzte. Diefs nahm sein Begleiter für stille
          Verwilligung auf,
Zu plaudern so lang' er wollte; und also sprach
          er weiter:
Ich gebe mich zwar für keinen Zeichendeuter,
Allein, nach meinem System, hat man die
          Augen zum — Sehn,
Und wer berufen ist, bey zween
Von Amorn angeschofsnen Leuten
In einer bequemen Entfernung, wie unser
          einer, zn stehn,
Bemerkt oft tausend Kleinigkeiten,
Die dem, der selbst im Spiel verwickelt ist,
          entgehn.

22.

Die Dame, das wollt' ich beschwören, wiewohl
         sie zo züchtig thut
Als ob sie den heiligen Korb der Göttin Ceres
         trüge,
Hat nicht blofs gleichsam Fleisch und Blut.
Ihr schlüpfriges Auge, das Wallen in ihrem
         Busen, die Gluth
Von ihren Wangen, beweist ihr sprödes
         Ansehn lüge.
Mein Herr, Sie wurden geliebt! — Nicht,
         dafs ich eben damit
Behaupten wollte, die Liebe der schönen Scha-
         tulliösen
Sey von der empfindsamen Art gewesen,
Wie jene zwischen dem schönen Pertharit
Und seiner Prinzessin, wovon wir im *Bêlier*
         lesen:

23.

Noch wie die Liebe der Sympathie,
Die Tristram uns so sentimentalisch beschrie-
         ben: 5)
„Amandus Er, Amanda Sie,
Die durch ein hartes Geschick, Er ost, Sie
         west getrieben,
Sich zwanzig Jahre lang nie sehn und einzig
         lieben;

Er von Korsaren gefangen und nach Marokko
gebracht,
Wo sich die Tochter des Kaisers in seine Figur
vernarret,
Viel Jahre in einem Thurm ihn füttert, Tag
und Nacht
Mit Locken und Weinen und Flehn die Haut
zu eng' ihm macht,
Und, ihrer Reitze gewifs, stets seiner Besse-
rung harret;

24.

Und endlich, da er wie Pech an seiner Amanda hält,
Den prächtigsten Hals, der den von Auroren
und Floren
Und Frynen verdunkelt hätte, entblöfst, zu
Füfsen ihm fällt,
Und fleht, zum wenigsten nur die einzige
Lieb' in der Welt
Ihr anzuthun, und ein Messer ihr in die Brust
zu bohren;
Doch alles umsonst! Indessen Amanda mit
nacktem Fufs
Die Welt durchläuft, vom schroffen Kaukasus
Nach Kadiz, von da zurück zur Stadt des
Alabandus, 6)
Und Berg und Thal, und die Ufer von jedem
berühmten Flufs
Mit seinem Nahmen erfüllt, Amandus, ach
Amandus!

25.

Nichts denkt, nichts sucht als ihn, vor lauter
    Liebe nicht Zeit
Zum Essen und Trinken hat, und, wenn sie
    aus Mattigkeit
Auch endlich einschläft, nur von ihrem Aman-
    dus träumet;
Vor keiner Stadt sich länger säumet
Als unter dem Thore zu fragen: O sagt mir,
    aber geschwind,
Ist mein Amandus nicht hier? — Bis end-
    lich, wider Verhoffen,
Nachdem sie beide, sich suchend, die Erde
    rund umloffen,
Sie, vor dem Thor zu Lyon, wo sie zu Hause
    sind,
Einander in die Arme rennen,
Und, da sie kaum vor Freude noch rufen
    können:

26.

Lebt mein Amandus ⎞ noch?—im nehm-
                    ⎬ lichen Augenblick,
Lebt meine Amanda ⎠ todt
Zur Erde sinkend, die liebenden Seelen ver-
    hauchen."
So weit läfst wohl die Prinzessin die Sachen
    ohne Noth

Nicht kommen! Mir däucht, sie weifs das
        Leben besser zu brauchen,
Und fühlt wohl schwerlich von Mutter Natur
        sich bestimmt
Von *Sentimens* und von Ideen zu leben.
Mein gnädiger Herr, Sie müssen mir vergeben!
Sie suchen ein Ideal — Allein, der Weise nimmt
Die Dinge wie sie sind, und was der Topf
        bescheret
Würzt Hunger zu Götterkost, — wie unser
        H o r a z uns lehret.

27.

Herr F e r a f i s hätte (da, in Gedanken verirrt,
Sein Herr auf sein Reden nicht achtet) noch
        lange so fortgedahlet,
Als durch ich weifs nicht was, das aus den
        Büschen strahlet,
Im Staunen dieser, und jener im Plaudern
        gehemmet wird.
Sie nähern sich, und sehn durch's grüne Gitter
Der Hecken einen feinen Ritter,
Der ein Mahl über das andre zum Zeitvertreibe
        gähnt,
In blauen Waffen mit Gold an einen Baum
        gelehnt.
Er hatte den Ort, wie es schien, zum Mittags-
        mahl erkoren;
Zum wenigsten macht' ein Zwerg mit langen
        Faunenohren

28.

Sich viel zu thun, den Boden mit einem Tafel-
            tuch
Zu decken, und eine Pastete mit andern Nied-
            lichkeiten
Vor seinem Herren auszubreiten.
Der weise Ferafis fand den angenehmen Geruch,
Der ihm entgegen weht, von guter Vorbe-
            deutung;
Sehr froh, dafs sich sein Prinz nicht abgeneigt
            bezeigt
Den Fremden kennen zu lernen. Sie folgen
            also der Leitung
Der spürenden Nase. Man langet an, man steigt
Vom Pferd, und gleich im ersten Entgegen-
            gehen,
Ist beiden, sie hätten einander schon irgendwo
            gesehen.

29.

Kaum haben die Herren sich genauer
Ins Auge geblickt, so erkennt mit angenehmem
            Schauer
Der schöne Amadis stracks im blauen Ritter den
            Mann,
Der von der F e e, durch die er dem Zauber-
            thurm entkommen,
(Wovon vielleicht, was unlängst Ferafis

Erzählte, noch Spuren in euerm Gedächtnifs
        liefs)
An seiner Stelle Besitz genommen,
Als seine Fantasie sich abzukühlen begann.
Willkommen, ruft er, und drückt ihm beide
        Hände, willkommen,
Herr Antiseladon! Wie treffen wir hier
        uns an?

50.

Gestehen Sie mir's, Herr Bruder, Sie suchen
        Abenteuer
In diesem Gebirge? — „Nicht dafs ich wüfste,
        versetzt
Der Blaue; man wird der Ungeheuer,
Verwünschten Prinzessinnen, Feen, und Rie-
        sen und Zwerge zuletzt
So satt, dafs einer vor ihnen nach Grönland
        flüchten möchte,
Und wär' es auch auf einem Fischerkahn." —
Herr Bruder, das nenn' ich Spleen, erwiedert
        jener; man dächte
Was Ihnen die armen Prinzessen und Feen zu
        Leide gethan. —
„Nur gar zu viel Gutes, Herr Bruder, die
        reine Wahrheit zu sagen,
Und mehr als Fleisch und Blut geschickt sind zu
        ertragen.

31.

Mein Unglück, mit Einem Wort, ist — daſs
      ich zu glücklich bin.
Sie halten dieſs vermuthlich für baren Eigen-
      sinn?
Ich prahle nicht gern, doch so ist wahrlich
      nicht länger zu leben!
Die Damen sollten sich wirklich ein wenig
      theurer geben.
O! goldne alte Zeit, wo bist du hin geflohn,
Die einst die zärtlichen Ufer des sanften L i g-
      n o n beglückte?
Als ihren frommen, verliebten, getreuen S e l a-
      d o n
A s t r ä a um einen Kuſs auf ewig ins Elend
      schickte;
Um einen armen Kuſs zu Lindrung seiner
      Qual,
Den er, als Nymfe verkleidet, auf ihren Lip-
      pen stahl!

32.

Da Jahre kamen und gingen, eh' sich ein Hirt
      erfrechte
Und, bleicher als ein Gespenst, den Hut in der
      bebenden Hand,
Mit stammelnder Zunge der strengen Hirtin
      gestand,

Daſs er — doch ihrem Geschmack am ewigen
    Jungfernstand
Unpräjudicierlich — sein Herz ihr gern zum
    Opfer brächte!
Da man zehn Prüfungsjahre nicht mehr als bil-
    lig fand,
Und eh' das liebende Paar um den ersten Kuſs
    sich verglich,
Oft mehr als die Hälfte von beider Leben ver-
    strich!" —
Und Sie, ruft Amadis, wollten hiezu die
    Stimme geben?
Sie wünschten Sich wirklich, im Ernst, in
    Seladons Zeiten zu leben?

33.

Was haben, Grausamer, Ihnen die unsern
    denn gethan? —
„Herr Ritter, hören Sie nur erst meine Ge-
    schichte an,
Sie werden, das bin ich gewiſs, mir Ihren
    Beyfall geben;
In einem Stündchen ist alles abgethan!
Doch lassen Sie uns vorher mit Saft von Cypri-
    schen Reben
Und einem leichten Mahl, so gut der Man-
    telsack

Von meinem Zwerg es giebt, die Lebensgeis-
   ter erfrischen.
Für unsers gleichen taugt kein leckerhafter
   Geschmack;
Der Zufall pflegt in Bergen und öden Gebü-
   schen
Uns irrenden Rittern gar oft noch schlechter
   aufzutischen."

———————

Varianten.

Stanze 5.

— — Und du, erzogen am Busen
Der Grazien, Sohn der Natur, mein Pergo-
lese, du!
Dir hören, wenn du scherzest, *) entzückt die
griechischen Musen,
Es hören, wenn du das Schwert im tief zerris-
senen Busen
Der göttlichen Mutter beweinst, mitweinende
Engel dir zu.
Dir, ihrem Liebling, entdeckte das grofse
Geheimnifs die Herzen
Allmächtig zu rühren die Göttin Harmonie,
Der Einfalt hohe Kunst! Wir fühlen wahre
Schmerzen
Tief in der Brust und wünschen ewig sie
Zu fühlen. Dem Wilden selbtt, von dessen
rauher Wange

*) Z. B. in der bekannten, und ehmahls, da an
vortrefflichen Komposizionen in diesem Fache
noch grofser Mangel war, so sehr beliebten *Ser-
va Padrona.*

Nie sanfte Thränen gerollt, wird warm in sei-
      ner Brust;
Erstaunt erfähret er bey deinem hohen Gesange
Zum ersten Mahl der Thränen göttliche Lust.

Stanze 4.

In ihm, ihr Amfionen, studiert
Den hohen Geschmack, das Wahre zum unge-
      färbten Schönen
In edler Einfalt gepaart; die Kunst zu mahlen
      mit Tönen u. s. w.

Zwischen der 4ten und 5ten Stanze
ist Folgendes weggefallen:

Nach diesem Seitensprung — zu billigem
      Verdruſs
Von jedem echten Zoilus!
Wiewohl ein solcher dafür in seinem Exemplare
(Falls er ein eignes vermag) die beleidigten
      Regeln und sich
Mit einem langen rächenden Strich
Versöhnen kann — sehn wir uns um nach
      unserm zärtlichen Paare,
Das, eh' der Morgen erwacht, ungleicher
      Erwartungen voll,
In einem Gartensahl zusammen kommen soll.

Stanze 16, nach dem 2ten Verse:

Da fängt man mit sich selbst zu räsonnieren an:
Welch häfsliches Ding um den Zorn! Er ist
der schönen Natur
Zuwider, ist ungrofsmüthig, ist schädlich,
ficht mit Schatten,
Haut in die Luft, und trifft sich selber nur;
Unmöglich ist's ihn mit der Weisheit zu gatten.

Stanze 17.

Er endigt endlich damit, für einen Fantasten
den Sohn
Von seinem Vater, die Dame und ihren Endy-
mion
Unwürdig seines Zorns zu erklären,
Und da ihn beides spornt aus diesem verhafsten
Schlofs
Sich auf der Stelle zu verbannen,
So schleicht er leise sich fort, u. s. w.

Stanze 26

sind folgende Verse weggeschnitten worden:

Auch lob' ich sie darum. So ganz zur Lust
gebaut,
Wie sie, mit solchen Augen und einer so glat-
ten Haut
Und solchen Alabasterarmen,

In denen sie den alten Titon sogar,
Wie alt und kalt er auch in Aurorens Armen
war,
Versuchen könnte zum Jüngling aufzuwarmen,
Ist, denk' ich, eine Dame nicht von der Natur
bestimmt u. s. w.

— — —

Wer wollte sich, zum Exempel, in einem
Gasthof nicht,
Wenn Vater Bromius nicht gleich Wein von
Nuits bescheret,
Mit Afsmannshäuser behelfen? Bey ausge-
löschtem Licht
Sind alle Katzen schwarz, wie Avicenna spricht,
Und was man nicht hat, ist leicht, bey dem
was man hat, entbehret.

Das Horazische Gesetz, *luxuriantia compescet*,
mufs vielleicht nirgends strenger angewendet werden,
als in scherzhaften und humoristischen Gedichten, wiewohl uns auch hier das *ne quid nimis* immer die
Hand zurück halten mufs.

Anmerkungen.

1) und du — mein Pergolese, du, u. f.

Um das, was in dieser musikalischen Digression wahren Kennern der Musik und gerechten Schätzern musi-
kalischer Verdienste zu einseitig, unrichtig und über-
trieben scheinen mag, zu entschuldigen, bedarf es
vielleicht nichts weiter als zu bemerken: erstens, daſs
der Dichter hier ohne alle Prätension, bloſs nach seinem eignen individuellen Geschmack und nach dem
sehr beschränkten Umfange seiner damahligen Kennt-
nisse in diesem Fach urtheilte; und dann, daſs diese
Verse vor 24 Jahren geschrieben wurden, zu einer
Zeit, da die Liebhaberey am S c h w e r e n und B u n-
t e n wirklich dem guten Geschmack in der Musik ge-
fährlich zu werden schien, und die Revoluzion noch
nicht angegangen war, welche der groſse G l u c k wenige Jahre darauf in der dramatischen Musik bewirkte.
Übrigens verliert P e r g o l e s e nichts dadurch von seinen Verdiensten, daſs er in der Folge, da die Ton-
kunst von Stufe zu Stufe bis zu einem Grad von Voll-
kommenheit empor stieg, wovon man vor vierzig Jahren noch keinen Begriff hatte, sowohl im komischen
als im pathetischen Fache übertroffen worden ist; und
sein *Stabat mater*, welches nach dem Urtheil eines
G r e t r y (in seinen *Memoires sur la Musique etc.*)

alles in sich vereiniget, was der Kirchenmusik im pathetischen Styl eigen seyn muſs, wird, mit aller seiner
Simplicität, in Ansicht der groſsen Wirkung, die es
auf jeden Hörer von reinem Gefühl und unverwöhntem
Ohr thun muſs, immer einzig in seiner Art bleiben,
und von keinem spätern Meister, wie groſs und reich
auch sein Genie und wie tief er in die Geheimnisse der
Harmonie eingedrungen seyn mag, jemahls ausgelöscht
werden.

2) den neuen Marsyassen.

Der Satyr Marsyas (sagt die poetische Legende der
Griechen) machte dem Apollo den Vorzug auf der
Flöte streitig, und muſste dafür, im eigentlichsten
Verstande, mit seiner Haut bezahlen; eine Rache, die
den Sieg des Gottes über den armen Satyr sehr verdächtig macht, und woraus sich schwerlich eine andere Lehre ziehen läſst, als daſs man mit Mächti-
gern nicht um den Vorzug in Talenten, worauf sie
Anspruch machen, streiten soll.

3) *Spica Virginis.*

So nennt man einen Stern der ersten Gröſse im sechsten Sternbild oder Zeichen des Thierkreises, welches den Nahmen der Jungfrau führt.

4) Womit man, auf seine Kosten u. s. w.

„Zu Homers Zeiten, sagt dieser gelehrte Mann, waren die Esel noch nicht so verachtet, als sie heut zu
Tage sind; ihr Nahme war noch nicht zu einem

Schimpfworte gemacht worden, und Könige ritten
noch auf Eseln. Homer konnte also den Ajax ohne
Übelstand mit einem Esel vergleichen, sonderlich, da
die Rede blofs von seiner Hartnäckigkeit, Stärke und
Geduld ist; und man kann (setzt er hinzu) über dieses Gleichnifs nicht spotten ohne eine Gottlo-
sigkeit zu begehen, indem Gott selbst es in
den Mund des Patriarchen Jakobs gelegt hat, da dieser in dem letzten Segen, den er seinen Söhnen er-
theilt, sagt: Isaschar wird seyn wie ein starker Esel.“
(*Remarques sur la Poetique d' Aristote chap.* 26.)
Madame Dacier, nachdem sie dieses heroische
Räsonnement ihres Gemahls zu Rechtfertigung Homers
angeführt hat, erklärt, nach ihrer Art, rund heraus:
qu'il n'y a rien de plus beau que cette image. Und
wirklich ist es ein Vergnügen, aus allem, was gelehrte und scharfsinnige Ausleger über diese Sache gesagt haben, zu ersehen, wie viel Schönes sich über
einen Esel sagen läfst.

5) Die Tristram u. s. w.

S. *Life and Opinions of Tristram Shandy* Vol. VII.
p. 113. ff.

6) zur Stadt des Alabandus.

Die Stadt Alabanda in Karien führte diesen Nahmen
von ihrem Stifter Alabandus, dem Sohn einer Meer-
nymfe und Enkel eines Flusses. Ihre Künstler waren
ihres schlechten Geschmacks wegen so verrufen, dafs

Alabandicum opus zum Sprichwort wurde, um
eine elende Kunstarbeit zu bezeichnen. Dafs sie die
Ehre, in diesem Gedicht aus der Vergessenheit gezogen zu werden, blofs dem Reim auf A m a n d u s zu
danken hat, versteht sich von selbst; wiewohl man
diesen Reim in Johann Hübners Reimregister vergebens suchen würde.

VIERZEHNTER GESANG.

1.

Kaum hatte der dienstbare Zwerg das Tisch-
    tuch weggenommen,
So hiefs Herr Antiseladon
Zu seinem Griechischen Wein den schönen Rit-
    ter willkommen.
Sein geistiges Öhl erhitzte beiden schon
Die Fantasie, als jener, nach seinem Verspre-
    chen,
Wie folget, begann zu seinem Gaste zu spre-
    chen:
„Man mufs gestehen, Herr Ritter, wenn anders
    zwischen Recht
Und Unrecht ein Unterschied ist, so hat das
    schöne Geschlecht
Viel Grund, sich über unser Betragen
In Absicht seiner zu beklagen.

2.

Gesetzt auch alles sey wahr, im Wortverstande
    wahr,
Was, seit Erschaffung der Welt, die Zunft der
    Misogynen, [1])
Die Juvenalen, die Popen und Krebillio-
    nen ihnen
Zum Unglimpf nachgesagt: so ist doch offen-
    bar,
Daß alle Gebrechen, die wir so scharf an ihnen
    rügen,
Uns Männern ganz allein, nur uns zu Schulden
    liegen.
Unedel haben wir ein Vorrecht ausgeübt,
Das nicht des Geistes, das nur der Knochen
    Stärke uns giebt,
Und aus dem schönsten und besten von allen
    Geschöpfen, dem Weibe,
Bloß eine Puppe gemacht zu unserm Zeitver-
    treibe.

3.

Allein auch hier entdeckt sich die ganze Bisar-
    rerie
Von unserm Betragen. Tyrannisch machen wir
    sie,
Anstatt zum Gegenstand, zum Opfer von
    unserm Vergnügen;

Und wenn wir alles gethan, die Macht zum
        Widerstehn
Den armen Seelen zu nehmen, die, während
        wir weinen und flehn
Und, schmeichelnden Hündchen gleich, zu
        ihren Füfsen uns schmiegen,
Sich keines solchen Streichs versehn,
Uns glücklich zu machen glauben, und wirk-
        lich unser Vergnügen
Mehr als ihr eignes geniefsen: dann heben wir
        unsern Kamm,
Und prahlen mit Siegen, wie über das harmlose
        Lamm

4.

Der Wolf erhält. Wir adeln an uns zum
        Verdienste
Was sie entehrt! wir bieten die ganze Macht
Von Amors Sofistik auf, und brauchen tausend
        Künste
Den Genius einzuschläfern, der ihre Unschuld
        bewacht,
In süfse Gefühle und unbekanntes Entzücken
Die holden Seelen zu schmelzen, die, unerfah-
        ren in Tücken
Und, gleich unfähig zum Trug und zum Ver-
        dacht,
Durch ihre Unschuld selbst im Netze sich ver-
        stricken;

Und wenn dann endlich in einer verführerisch
schönen Nacht,
Ein Augenblick, da die Vernunft die Sinnen zu
schläfrig bewacht,

5.

Der Augenblick, dem wir so lange mit Schmerzen
Entgegen gesehn, der uns so manchen falschen
Schwur,
So manche Thräne gekostet — ein Augenblick,
wo die Natur
Sich mit der Liebe verschwört, die nichts
besorgenden Herzen
Uns in die Hände zu spielen — sie endlich
überschleicht:
Dann sind wir noch ruchlos genug der armen
Betrognen zu lachen,
Die Qual betrogen zu seyn durch Hohn noch
anzufachen,
Und unsern unrühmlichen Sieg dem ganzen
Erdenkreis
Mit lautem Krähen kund zu machen." —
Dank sey dem Himmel, dafs ich hierin mich
schuldlos weifs!

6.

Fällt Amadis ihm ins Wort: Ich bin nicht
unerfahren,
Setzt er erröthend hinzu, allein ich mufs
gestehn,

Daſs, wo ich mit zärtlichen Damen mich je
      verwickelt gesehn,
Sie die Verführerinnen waren. —
„Ich wünschte (versetzt mit einem Tragödienton,
Der ziemlich komisch klang, Herr Antisela-
      don)
Von meiner Wenigkeit ein Gleiches rühmen zu
      können.
Indessen sind doch die Schönen, (wie herzlich
      gern ich sie auch
Vertheidigen möchte, nach Ritter-Pflicht und
      Gebrauch)
Auf jeden Fall sehr unvorsichtig zu nennen.

7.

Pflegt, was sich nicht läugnen läſst, das Manns-
      volk ohne Schonen
Der weiblichen Güte mit Undank zu lohnen,
Wie jedes Mädchen unzählige Mahl
Von Mutter und Tanten hört: wer heiſst die
      guten Kinder,
Durch tausend Exempel gewarnt, von ihren
      Verehrern gelinder
Als von den übrigen denken? — Doch alle
      diese Moral
Ist gar zu abgenützt dabey uns aufzuhalten!
Wir machen's just wie unsre lieben Alten,
Und trösten uns damit, daſs unsre junge Welt,
Dem Ansehn nach, nicht weit vom Stamme
      fällt.

8.

Sie also auf meine Geschichte nicht länger war-
ten zu lassen,
So wissen Sie denn, mein Herr, daſs eine groſse
Stadt
Im Celtenlande, von ihren schmutzigen Gassen
Die kothige zubenannt, mich jung gese-
hen hat.
In meinem Lande sieht ein Knabe von sechzehn
Jahren,
Von leidlicher Bildung und langen blonden
Haaren,
Das ganze schöne Geschlecht für gute Beute an.
Es wimmelt Hof und Stadt von solchen Gynä-
kofagen, ²)
Die ihren kleinen Eroberungsplan
Für jedes beliebige Herz stets in der Tasche
tragen.

9.

Von diesen Gecken 'nun, Herr Ritter, war
auch ich.
Man unterschied mich bald, und meinen Nah-
men zu melden
Ersparte mir halben Weg: der Ruhm that mehr
für mich
Als ich verdiente; kurz, ich galt für einen
Helden.

Zum Unglück oder Glück für meinen besagten
    Ruhm,
Gab mir ein Zufall ein, mein neues Helden-
    thum
An einer F e e zu bewähren,
Die über dem hohen Geschäfte, den Geist sich
    aufzuklären,
Nicht merkte, daſs ihr, trotz seinem hohen
    Flug,
In laeva parte mamillae so gut wie
    andern was schlug. 3)

10.

Nichts däuchte ihr Anfangs schwerer zu fassen,
Als dieser innerliche Zug
Zu meiner kleinen Person, den sie mich sehen
    zu lassen
Aus Unschuld kein Bedenken trug.
Wir suchten den Urgrund davon — im Lande
    der Ideen
Und in dem ursprünglichen Stande, worin, ich
    weiſs nicht wo,
Wir uns vor unsrer Geburt zum ersten Mahle
    gesehen. 4)
Sie lächeln der Grille? Allein, die Fee dachte
    nun so,
Und hätte sie diese Grille im P l a t o nicht
    gefunden,
Ich bin gewiſs, sie hätte sie selbst erfunden.

11.

Von allen menschlichen Dingen schien ihr
Das geistigste — Liebe zu seyn, just das was
　　　　　　Menschen und Thier
Am meisten unterscheide, und einer höhern
　　　　　　Sfäre
Uns näher rücke.　Denn daſs, was ihr so schön
Und geistig däuchte, die *vis centripeta*
　　　　　　wäre,
Woraus, wie Büffon meint, sich jedes
　　　　　　Fänomen
Der Liebe ganz ungezwungen und von sich
　　　　　　selbst erkläre,
Das wollte die gute Frau sich nimmermehr
　　　　　　gestehn.
- Dieſs war nun eine von ihren Eigenheiten,
Und über diesen Punkt war nicht mit ihr zu
　　　　　　streiten.

12.

Indessen fand sie sich doch in manchen Stunden
　　　　　　und Tagen,
Sie wuſste selbst nicht von was, noch wie,
　　　　　　noch wo, gerührt,
Und — kurz, es zeigte sich endlich, die reine
　　　　　　Wahrheit zu sagen,
Daſs Büffon Recht behielt.　Dieſs hatte sie
　　　　　　kaum verspürt,
Da, Herr, da hätten Sie ihre Klagen

Selbst hören, selbst sehen sollen wie sich die
　　　　Frau geziert!

Von ihrem System den Fall zu überleben!

Sie schwor das könne sie nicht, und wirklich
　　　　fing ich an

Für ihr Gehirn in Sorgen zu schweben.

Und gleichwohl that sie, was andre in ihrer
　　　　Lage gethan:

13.

Sie lebte so stark wie zuvor.　Doch, eh' ich
　　　　entlassen zu werden

Die Ehre hatte, verehrte die gute Dame mir

Diefs seltne Kabinetsstück hier

In meinem Busen,　ein Stück das auf der wei-
　　　　ten Erden

Nie seines gleichen gehabt; erklärte mir davon

Die Eigenschaften, und sprach: Hier, Anti-
　　　　seladon,

Empfangen Sie diesen Fächer, und wollen Sie
　　　　meine Rache

Nicht eben so streng erfahren als zärtlich ich
　　　　Sie geliebt,

So schwören Sie mir — an sich die leichteste
　　　　Sache,

Doch ohne welche mein Herz sich nie zufrieden
　　　　giebt —

14.

So schwören Sie mir, nicht eher aufzuhören,
Bis jedes leere Feld, das dieser Fächer führt,
Mit seinem gehörigen Bildnifs geziert,
Sie bis zum Anschaun überführt,
Dafs alle von meinem Geschlecht in eben den
         Orden gehören,
Worin Sie mich iniziiert.
Was konnt' ich machen, Herr Bruder? — Sie
         hätten so gut geschworen
Als ich: denn that ich's nicht, so waren meine
         Ohren
Das wenigste sicherlich, was ich dabey ge-
         wagt.
Und nun, mein Herr, nachdem ich Ihnen
         gesagt,

15.

Dafs hundert Felder — Sie können sie zählen —
Auf meinem Fächer sind, wie viele, meinen
         Sie, fehlen?
Ein einziges noch, ein einziges Bildchen
         fehlt,
So sind es hundert, wohl gezählt!" —
Ist's möglich? rief Herr Amadis, neun und
         neunzig?
Und diese, wie es scheint, in ziemlich kurzer
         Zeit!
So bleibt gewifs das hunderte Feld nicht einzig

In seiner Art. — „Ich hoff' es soll nicht weit
Von seiner Bestimmung seyn, versetzt der
Ritter vom Fächer:
Gut, fährt er fort, indem er beide Becher

16.

Mit Weine füllt, Herr Ritter, stofsen Sie an!
Es leben die neun und neunzig!" — Sie leben,
ruft mit Lachen
Der schöne Amadis mit, weil ich's nicht hin-
dern kann,
Wiewohl sie ihrem Geschlecht sehr wenig Ehre
machen!
Indessen wünscht' ich doch, wofern es thu-
lich ist,
Diefs Wunder von einem Fächer mit eigenen
Augen zu sehen. —
„Von Herzen gerne, versetzt der Antiplatonist,
Doch ohne Gefährde der sämmtlichen Damen
und Feen,
Von welchen die Ehre dabey ein wenig betrof-
fen ist!
Hier, Ritter, nehmen Sie hin." — Bey Sko-
gula und Mist, 5)

17.

Ruft Amadis, wie er davon die zarten Flügel
entfaltet,
Was zärtlicher Schönen! und alle so vielfach
schön gestaltet!

„Ich sehe, versetzt der andre, ein zierlicher
   Nachthabit
Kann auch an Bildern das Urtheil ein wenig
   fälschen.
Indefs gesteh' ich zu, die meisten gehen noch
   mit.
Sie finden wenigstens von Germanischen, Brit-
   tischen, Wälschen
Und Maurischen Damen, aus jedem Weltrefier,
Von jedem Mafs und Wuchs, von braunen,
   blonden und rothen,
So gut sie auf meinen Reisen das Glück mir
   angeboten,
Die echten Originale in diesem *Souvenir.*"

18.

Sie sind ein glücklicher Prinz! Das nenn' ich
   begabt von Feien!
Ruft Amadis aus, — und doch (Sie müssen
   mir verzeihen)
Begreif' ich nicht, wie man, wie Sie, nur
   kommt und sieht und siegt. —
„Ich denke, erwiedert sein Freund, was uns
   am meisten betrügt
Ist, dafs wir dem weiblichen Geist zu viele
   Gründlichkeit leihen,
Und dafs, wenn's uns mifslingt, die Schuld
   an uns selber oft liegt.
Zwar läugne ich nicht, dafs manche schöne
   Kinder

Ihr Ebenbild auf dem Fächer mir ziemlich sauer
    gemacht;
Doch (unter uns) die meisten ergaben sich ge-
    schwinder,
Als ich, und als sie selbst gedacht.

19.

Bey solchen Erobrungen kommt (wie bey der
    Hanniballen
Und Cäsarn) freylich sehr viel auf einen guten
    Plan,
Viel auf die Kunst dem Feind in die Flanke zu
    fallen,
Kurz, viel auf die Klugheit, doch mehr auf den
    Augenblick an.
Von diesem sogleich Gebrauch zu machen
    wissen,
Diefs nenn' ich den Gipfel der echten Erobe-
    rungskunst.
So war's, zum Beyspiel, blofs die unverhoffte
    Gunst
Des Zufalls, was mir die Ehre verschaffte, Sa-
    charissen
An ihrem Geliebten zu rächen, von dem sie
    verrathen sich hielt;
Ein Stündchen später, so hatte ihr Blut sich
    abgekühlt.

20.

Hier, Ritter, sehen Sie her! Wer sollte dieser
                    Spröden,
Mit dieser Vestalenmiene, mit diesem abschrek-
                    kenden Blick,
Was Menschliches anzusinnen sich nur im
                    Traum entblöden?
Dafs ich es wagen durfte, war freylich blofses
                    Glück.
Sie konnte doch billig hoffen in ihrem Kabi-
                    nette
Vor Zeugen sicher zu seyn? Wie hätte sie
                    jemahls davon
Sich träumen lassen, auf ihrem Ruhebette
Mit ihrem Ovid in der Hand, auf einen En-
                    dymion
Von Tizian mit ausdrucksvollen Geberden
Die schmachtenden Augen gesenkt, von mir
                    erwischt zu werden?

21.

Dem Zufall ganz allein und ihrer Iris war
Im Grund das Unglück beyzumessen;
Auch bin ich überzeugt, dafs von der ganzen
                    Schaar
Aufs mindste ein Drittel sich blofs zufälliger
                    Weise vergessen.
Der Einflufs der äufsern Dinge ist wirklich
                    wunderbar.
Im Rosenmond und in den schwühlen Tagen 6)

Wenn Sirius wüthet, befand ich manche zu
        schwach
Gefälligkeiten zu versagen,
Die vierzehn Tage zuvor und hernach
Sich stark genug fühlte, sie selbst dem Her-
        kules abzuschlagen.

22.

Indessen glauben Sie mir, mein trauter Amadis,
Um einen Platz mit Vortheil zu berennen,
Hängt alles davon ab, das Innre wohl zu
        kennen.
Vom Zufall bleibt der Erfolg doch immer
        ungewiſs.
Allein die schwache Seite von einem Karakter
        studieren,
Diefs nenn' ich das wahre Geheimniſs, ihn wie
        ihr wollt zu führen.
Vor jedem neuen Gegenstand
Ein andrer Mann! Ein Momus bey galligen
        Spröden,
Bey Zärtlichen lauter Gefühl, voll stiller Zucht
        bey Blöden,
Bey Ernsten ein Sittenlehrer, bey Muntern lau-
        ter Tand,

23.

Kurz, bey Europen ein Stier, ein sanfter
        Schwan bey Leden,
Bey Schwachen ein kleiner Sakripant,

Ganz Ohr bey den zehenten Musen die
    lauter Orakel reden, 7)
Ein Schwärmer bey Schwärmerinnen, und bey
    Koketten galant,
Diefs war mein Talisman.   In meinen Knaben-
    jahren
Lernt' ich's im Nepos schon dem Alcibia-
    des ab,
Und bin, seitdem ich die Welt in ritterlichem
    Trab
Durchziehe, wie Sie sehn, sehr wohl dabey
    gefahren.
Sie können nicht glauben, mein Herr, wie
    weit
Die einzige Regel uns bringt: gefällig zu
    rechter Zeit.

24.

Ich gebe sie Ihnen in allen andern Sachen
Für einen *Passepartout:* allein inson-
    derheit
Sein Glück bey Damen und durch die Damen
    zu machen,
Ist nichts von solcher Wirksamkeit.
Ein Kinderspiel thut öfters Wunderdinge.
Bey Flavien setzte mich ein seltner Wurm
    in Gunst,
Aus welchem die Kennerin sich den schönsten
    der Schmetterlinge

Für ihre Sammlung erzog; bey andern die edle
Kunst
Ihr Bild aus Papier zu schneiden, zu stricken,
zu brodieren,
Ihr Papchen schwatzen zu lehren, Dianchen zu
karessieren,

25.

Und zwanzig andere Künste von dieser Wich-
tigkeit,
Worin ich die Ehre hatte, in meiner schönen
Zeit
Für einen grofsen Mann zu passieren,
Und manche Tugend dadurch ein wenig irre zu
führen.
Indefs ist alles, was ich damit gewann,
Ein ekler Geschmack, den nichts mehr reitzen
kann.
Schon Jahre lang durchstreif' ich Thäler und
Berge,
Und überlasse den Rest der schönen Welt
Gelegenheitlich — meinem Zwerge,
Der, wie Sie ihn sehn, für keinen geringen
Wicht sich hält.

26.

Er rühmt sich wenigstens laut, mit seinen klei-
nen Gaben
(Wiewohl er eben kein Adon
Zu seyn gesteht) doch manchen Königssohn

Bey mancher Venus schon dethronisiert zu
        haben." —
Allein das h u n d e r t e F e l d? fällt unser Rit-
        ter ein,
Das werden Sie doch vermuthlich nicht allein
Brach liegen lassen wollen? — „Dafern ich's
        wollt' (erwiedert
Der blaue Ritter) so bindet mich mein Schwur;
Und etwas, das ich seit kurzem von einem
        Fremden erfuhr,
Hat meinen Eroberungsgeist von neuem ein
        wenig befiedert.

27.

Ein blasser milchichter Ritter, ich weifs nicht
        w i e genannt,
Ein wahrer Seladon, machte mir eine Dame
        bekannt,
Die, wie er sagt, in diesen Wäldern irret.
Er bete, sagt er, die Wilde schon sieben Som-
        mer an;
Er habe, sie zu erweichen, sein möglichstes
        gethan,
Geduldet, geseufzt, geweint, gegirret,
Und nichts vermocht: so dafs, nachdem ihm
        nun
Die Lust vergangen sey ihr länger nachzujagen,
Er fest beschlossen habe, sich ihrer abzuthun,
Und sich der ersten, die ihm begegne, anzu-
        tragen.

28.

Die Dame, so schwor der arme Dulder mir,
Sey schöner als Juno, allein kein Lybisches
Thier
Sey halb so grausam. Vermuthlich lag der
Fehler
An seiner Methode. Wie dem auch seyn mag,
ich bin
Entschlossen, das hunderte Feld und meine Sie-
gesmähler
Mit dieser Menschenfresserin
Vollzählig zu machen." — Viel Glück zum
Unternehmen!
Vermuthlich wird der Erfolg die Erwartung
nicht beschämen,
Spricht unser Held: indefs gesteh' ich unver-
blümt,
Ich wünschte meinen Freund durch edlere Siege
berühmt.

29.

Unmöglich kann ich mein Herz mit dem Gedan-
ken versöhnen,
Ein sanftes Geschöpf, dem gegen den Über-
muth
Des stärkern Geschlechts die Natur nur zärtliche
Blicke und Thränen
Zu Waffen verlieh, zu mifshandeln mit kaltem
Blut,

Und, wenn sie zuletzt das Opfer von unsern
        Künsten geworden,
Mit grausamer Hand noch ihre Ehre zu
        morden;
Dazu, ich sag' es frey, find'ich kein Herz in mir:
Ich kann im Nothfall Tiegern und Löwen,
Hyänen und Amfisbänen ins Weifse im Auge
        sehen,
Diefs kann ich nicht! und bin mir selber hold
        dafür. —

30.

„Herr Bruder, erwiedert der Ritter in blauen
        Waffen,
Wiewohl die Natur mein Herz aus spröderm
        Thon erschaffen,
So sag' ich, und sagt' es voraus, Sie haben völ-
        lig Recht!
Im übrigen seh' ich doch nicht, warum wir dem
        schönen Geschlecht
Mit Tugenden, die es nicht hat noch suchet,
        schmeicheln wollten,
Und was die Schönen und wir dabey gewinnen
        sollten?
Ich hasse den Bösewicht auch, so gut ein Bie-
        dermann
Ihn immer hassen soll und kann,
Der durch Betrug und niederträchtige Ränke
In schuldlose Herzen sich schleicht: doch, dafs
        ich's Dem verdenke,

51.

Der, wenn, zum Exempel, der Feind die Fes-
                    tung schlecht bewacht,
Sie mit Vertheidigungs-Mitteln gehörig zu ver-
                    sehen
Versäumt, die Aufsenwerke und nahe gelegnen
                    Höhen,
Entblöfst und übel besetzt, recht wie mit Vor-
                    bedacht
Uns Preis giebt, kurz sich schlecht und lässig
                    vertheidigt,
Wer, sag' ich, in solchem Falle die Schwäche
                    des Feindes benützt,
Folgt einer Maxime, die sich aufs erste Kriegs-
                    gesetz stützt." —
Ihr Gleichnifs, Herr Ritter, und Ihre Maxime
                    beleidigt
Ein zärtliches Ohr, erwiedert unser Mann:
Ich möchte wohl wissen, was uns berechtigen
                    kann

52.

Das weibliche Herz für eine Festung zu halten,
Die wir erobern müssen? — „Ich finde bey
                    Neuern und Alten
(Spricht jener) zu allen Zeiten und in der gan-
                    zen Welt
Durch dieses Bild die Sache vorgestellt;

Und glauben Sie mir, es stände nur schlimmer
um die Sitten
Wofern es anders wäre. Es geht uns wie den
Britten,
Bey denen die Grundverfassung sich nur durch
Zwietracht erhält.
Doch, wenn es Ihnen noch weiter mit mir zu
reisen gefällt,
So wird es Zeit seyn aufzubrechen;
Wir können uns unterwegs noch länger hievon
besprechen."

Anmerkungen.

1) die Zunft der Misogynen u. s. w.

Wie verschieden auch in dem hier genannten Kleeblatte
von Misogynen, oder Weiberfeinden, jeder
von den zwey andern ist, so haben doch alle drey diesen häßlichen Nahmen nur zu sehr verdient; der
letzte besonders (ob er schon in einem gewissen
Sinn ein großer Liebhaber und *Expertus in arte*
gewesen seyn mochte) ist im Grunde grausamer mit
den Weibern umgegangen als irgend ein andrer decen-
ter Schriftsteller.

2) Gynäkofagen,

ein Seitenwort zu Anthropofagen (man spreche
in beiden das *g* nicht nach Französischer Art wie *sch*,
sondern wie unser Deutsches *g* aus) wovon das letztere Menschenfresser, so wie das erstere Weiber-
fresser bezeichnet.

3) *In laeva parte mamillae.*

Dieses Bißchen Latein wollen wir unsern jungen Herren, zu einer kleinen Übung, ihren Freundinnen zu
dollmetschen überlassen. Es ist ein halber Vers aus
dem Juvenal — *laeva in parte mamillae nil salit
arcadico juveni —*

4) Worin — wir vor unsrer Geburt u. s. w.
Wer einige Erläuterung dieser Stelle bedarf, den müssen wir auf das erste Stück der Sympathien unsers Autors, auf eine gewisse Choriambische Ode im vierten Bande der Bremischen Beyträge, und auf den Traum der Thamar in Bodmers Noachide — einem Gedichte, welches keineswegs im Lethe unterzusinken verdient, — verweisen. Im *Voyage de Zulma au Pais des Idées* würde man vergebens Licht über das, was in diesen Versen dunkel ist, suchen.

5) Bey Skogula und Mist —
Göttinnen der alten nordischen Dichter.

6) Im Rosenmond und in den schwühlen Tagen u. s. w.

Diefs bezieht sich auf eine Anekdote von einer Französischen Dame des vorigen Jahrhunderts, welche unter vertrauten Freunden bekannt haben soll, der May sey der einzige Monat im Jahre, worin sie nicht für ihre Tugend stehen wollte, wenn sie das Unglück hätte auf die Probe gesetzt zu werden. Wir erinnern uns diese Anekdote gelesen zu haben, aber nicht wo.

7) Ganz Ohr bey den zehenten Musen —
Der Titel der zehenten Muse war ohne Zweifel unendlich schmeichelhaft für die Dichterin Korinna, oder welche andere es war, die zuerst damit dekoriert wurde; war es vermuthlich auch damahls noch,

da ein Griechischer Blumendichter seinem Mädchen
zu Ehren versicherte, es gebe vier Grazien, zehn
Musen und zwey Afroditen. Aber seitdem diese
Schmeicheley so häufig verschwendet worden ist,
daſs man nur allein mit allen zehenten Musen den
ganzen Helikon bedecken könnte, scheint diese Benennung zu keinem andern Gebrauche mehr zu taugen,
als zu dem ironischen, der in diesem Verse von ihr
gemacht wird.

FUNFZEHNTER GESANG.

1.

Die Ritter trabeten noch nicht eine Meile
lang,
Und schwatzten von tausend Dingen, womit
wir, aus guten Gründen,
Den Lauf der Geschichte zu hemmen für jetzt
nicht nöthig finden,
Als unvermerkt ein sanft absteigender Hang
Sie aus dem Wald in eine Gegend brachte,
Wo Antiseladon auf einmahl Halte machte.
Es war das lieblichste Thal, das sich ein Mu-
sensohn
Zum Aufenthalt erwählen könnte,
Wenn ihm ein günstiger Stern die freye Wahl
vergönnte.
„Da sind wir! rief Herr Antiseladon.

2.

Hier ist der Ort, den mir der Ritter nannte,
Das reitzende Thal, woraus verliebte Verzweif-
lung ihn bannte;
Hier ist der kleine sich schlängelnde Flufs
Der zwischen Rosen irrt; dort in des Wäld-
chens Mitte
Der kleine Tempel; dort, hinter den Pappeln,
die Hütte:
Es kann nicht fehlen, in dieser Gegend mufs
Die neue Diane sich uns mit ihren Nymfen
enthüllen. "
Von welcher reden Sie? — fragt unser Pa-
ladin.
,,Von eben dieser, mit welcher ich fest entschlos-
sen bin
Des Fächers letztes Feld zu füllen.

3.

Sie müssen wissen, die Dame, die etwas gril-
lenhaft scheint,
Verlor sich (sagte mir ihr abgedankter Freund)
Von ihren Schwestern, die schon seit einigen
Jahren
Durch Berg und Thal auf Abenteuer fahren.
Besagter Seladon, so bald er den Unfall erfuhr,
Macht, wie natürlich, sich auf die Beine, die
Spur

Der Dame, die er liebt, in diesem Gebirge zu
        suchen;
Er sucht in jeder Kluft, in jedem hohlen
        Baum,
Und findet sie endlich bey diesen jungen
        Buchen,
In einem Kostum, wie ihm kein Fiebertraum

4.

Sie närrischer zeigen könnte.   Sie war in eine
        Diane,
Und ihr Gefolg' in Nymfen und Faunen über-
        setzt;
Nicht etwa in eine moderne Diane,
Die, aufser Köcher und Pfeil und einem Mond
        von Lahne
Am Stirnband, in allem andern das alte Kostum
        verletzt;
In eine Dian' *à la Grecque*, mit blofsen Armen
        und Beinen,
Just wie sie auf geschnittnen Steinen
Das prüfende Auge der Kenner ergetzt.
Die Mode setzt Knöchel voraus, wie Homer an
        Thetis sie preiset,
Daher auch nicht jede Göttin uns gern die Knö-
        chel weiset. "

5.

So sprach der Ritter vom Fächer. Doch,
um den Leser nicht
In dunkeln Vermuthungen irren zu lassen,
Erstatten wir ihm, ganz kurz, umständlichern
Bericht,
Von dem, was Leoparden (von welcher der
Ritter spricht)
Begegnete, seit wir sie im vierten Gesange ver-
lassen.
Das schöne goldene Schloſs, das ihr so nahe
schien,
Das nehmliche Schloſs, worin wir unsern Pa-
ladin
Mit drey von Bambo's Töchtern zu sehn die
Ehre hatten,
Schien leider! je stärker sie lief, je weiter vor
ihr zu fliehn,
Und tauchte sich immer in grauere Schatten.

6.

Als endlich die dunkelste Nacht ihr alle Hoffnung
entriſs,
So wuſste sie anders sich nicht mit ihren Nymfen zu retten,
Als eine Art von ziemlich luftigen Betten
Aus dürrem Laube zu machen, wie einst der
schlaue Ulyſs.

Wie gut sie geschlafen habe, diefs (sagen die
    Annalisten)
Sey etwas, worüber sie uns, wiewohl sie ihr
    Bestes gethan
Um auf den Grund zu kommen, im Zweifel
    lassen müfsten.
Wohl oder übel, genug der Morgen brach
    heran:
Die schwarzen Hämmlinge mufsten den höch-
    sten Gipfel besteigen,
Allein, da wollte kein goldnes Schlofs sich
    zeigen;

7.

Auf viele Meilen ringsum auch nicht ein strö-
    hernes Dach.
Bey dieser Nachricht drang ein allgemeines Ach
Aus jedem Busen. Sie hätten, so züchtig sie
    waren,
Von zwanzig australischen Riesen den Anzug
    lieber erfahren.
Zum Unglück war der Morgen ziemlich kühl;
Die armen Kinder! Sie schmiegten, einander
    anzuflammen,
Mit Armen und Beinen verschränkt, wie Bie-
    nen, sich zusammen.
Ein Houdon hätte aus ihrem Gewühl
Sich schöne Gruppen sammeln können.
Allein auch dieser Trost, wär's ja ein Trost zu
    nennen,

8.

Beförderinnen der Kunst auf ihre Kosten zu
　　　seyn,
War ihnen versagt.　Zuletzt fiel Leoparden
　　　ein,
Es könnten die Schwarzen, die ihr Gefolge ver-
　　　mehren,
Der Westen und Schürzen im Nothfall wohl
　　　entbehren,
Womit sie, nicht sowohl aus Wohlstand als
　　　zum Staat,
Bekleidet waren.　Der ganze weibliche Rath
Klatscht diesem Einfall zu; man fand ihn klug
　　　und billig,
Und kurz die Mohren mußten, unwillig oder
　　　willig,
Zu Gunsten der Dame und ihrer Najaden
Sich ihrer gestreiften Westen und runden Schür-
　　　zen entladen.

9.

Die Nymfen putzten damit sich in die Wette
　　　heraus,
Und schmeichelten sich, sie sähen wie echte
　　　Oreaden
In ihrem neuen Anzug aus;
Denn bey den meisten bedeckten die Schürzen
　　　kaum die Waden.

Sie liefsen, um dem Kostum getreu zu seyn,
                ohne Band
Ihr langes Haar die weifsen Schultern um-
                fliegen,
Und schnitten, die Arme blofs zu kriegen,
Die Ärmel der Westen weg. Selbst Leoparde
                empfand
Ein königstöchterliches Vergnügen,
Als sie, des ganzen Kopfs länger, in ihrer
                Mitte stand,

10.

Wie einer Diane geziemt. Die neuen Oreaden
Durchstreiften itzt Berg und Thal in ihrer Kar-
                nevallstracht,
Bis endlich, beym stillen Lichte der schönsten
                Sommernacht,
In vorbesagtem Thale, versteckt von den Ro-
                sengestaden
Des kleinen Flusses, der arme Trebisond
Die Göttin und ihre Nymfen im Baden,
Mit wenig Drapperie beladen,
Zufälliger Weise beschlich. Zum Unglück
                schien der Mond
In vollem Glanz. Er glaubte sich sicher vor
                ihren Blicken;
Doch ihn verrieth zuletzt sein allzu lautes Ent-
                zücken.

11.

Der neue Aktäon wird gehört, gesucht,
gefunden,
Und von der Nymfenschaar (der's nicht an Herz
gebricht
An Einen Mann sich zu wagen) mit Efeukrän-
zen gebunden,
Ins helle jungfräuliche Mondenlicht
Dianen vorgeführt. Sie zürnte fast zum
Rafen,
Dafs der Vermefsne, der mit profanem Ge-
sicht
In ihren Reitzen gewühlt, noch Odem in sei-
ner Nasen
Behalten sollte; und wenn sie den armen
Wicht
In keinen Rehbock oder Hasen
Verwandelte, lag's gewifs an ihrem Willen
nicht.

12.

Auf seinen Knieen und ohne die Augen auf-
zuheben,
Beschwor sie, mit heifsen Thränen, laut schluch-
zend, Blömurant,
Ihm lieber den Tod mit Einem Blicke zu
geben
Als ihn zu verbannen. Umsonst! Er soll zur
Strafe leben!

Soll leben, soll, auf ewig aus ihren Augen
        verbannt,
Zu seiner Qual ihr Bildniſs mit sich tragen,
Und (wenn er will) sein Leid den stummen
        Felsen klagen.
Denn, sollt' er kühn genug seyn und nur dem
        Wiederhall sagen
Was er gesehn, so ist ein jäher Tod
Das kleinste, womit ihn die Göttin bedroht.

13.

Wie könnte die Stolze nur den Gedanken
        ertragen,
Daſs einer im Stande seyn sollte, gerichtlich
        zu schwören — sie sey
Ein Weib? — Wie grillenhaft! wird manche
        Leserin sagen:
Indessen kennen wir zwey bis drey,
Und zweifeln nicht, zählte man recht, daſs ih-
        rer noch etliche wären,
Die sich in diesem Punkt für Leoparden
        erklären.
Dieſs alſo, geneigter Leser, ging
Voran, eh' sich der Ritter vom Fächer,
Des ganzen Männerstamms selbst aufgeworfner
        Rächer,
Des Mädchens Übermuth zu züchtigen un-
        terfing.

14.

Die Ritter, seit wir von ihnen auf kurze Zeit
Abschied genommen,
Sind nun dem Lager der Göttin so nahe
gekommen,
Dafs Antiseladon bereits das Urtheil fällt,
Es lohne sich wirklich der Mühe nach ihrem
Bilde zu streben.
Er sah sie, bedeckt von einem grünen Gezelt,
Auf einem Blumenthron, von ihren Nymfen
umgeben,
Und ihr zu Füfsen lag auf seinem rechten
Knie
Ein mächtiger Ritter. Es schien, als höre sie
Das was er ihr sagte, wo nicht mit günstigen
Mienen,
Doch auch mit solchen nicht an, die ihn zu
schrecken schienen.

15.

Der Mann, den keiner noch kannte, war weder
minder noch mehr
Als Boreas! — Und wie kommt der auf
einmahl hieher?
Fragt ihr — Nachdem er den Park des Negers
verlassen,
Und endlich dem schönen Ritter vergebens auf-
zupassen

Ermüdete, ward er vom Zufall (der, im Vor-
          beygehn gesagt,
Die kleine und große Welt, so übel nicht,
          regieret,) [1])
Auf Leopardens Spur geführet.
Er fand die Göttin auf der Jagd —
Der Jagd? ruft hier ein Verserichter:
Ein Unterhändler, ein Lügner und ein Dichter

16.

Soll nicht vergeßlich seyn! Wo nahm sie denn
          den Speer,
Der einer Diane gebührt, und Bogen und Kö-
          cher her? —
Herr Kritikaster, man jagt verschiedene Dinge,
Ihr Schnitzer, Fliegen Schach-Baham und
          Kaiser Domizian,
Frau-Leoparde — Schmetterlinge.
Doch, was bekümmert uns dieß? Genug, der
          Kaliban [2])
Fand sie, und fand an ihr, so wie er sie
          erblickte,
Was sich für sein Bedürfnis schickte.
Die Dirne, denkt er, steht mir an;
Zwar scheint sie wild, doch hab' ich schon wil-
          dere eingethan.

17.

Lang von Gesicht, der Juno Wuchs und Busen,
Der Pallas Augen, grofs und grau,
Der Blick und die Miene von Venus und von
Medusen
Zu gleichen Theilen entlehnt, wiewohl nicht so
genau
Dafs, wenn sie sich vergafs, nicht die Meduse
zuweilen
Die Venus verschlungen hätte; ein Amazonen-
schritt,
Und, kurz, das Ganze mit allen seinen Theilen
Schien ihm gemacht, die Wunde zuzuheilen,
Womit Mifs Schatulliöse sein tapfres Herz
durchschnitt.
Um diesen Preis thäte wohl selbst Herr Ro-
land einen Ritt!

18.

Auch Leoparde, wiewohl bey seinem Anblick zu schlagen
Ihr Herz verschmäht, empfindet ich weifs nicht
welchen Hang
Ihn besser als Blömuranten, den Seufzer, zu
ertragen.
Die Sympathie geht immer ihren Gang.
Sie fand an Tapfern stets vorzügliches Wohlbe-
hagen,

So wie die Trompete ihr besser als sanfte Flöten
klang.
Auch hatte der Ritter das Glück den Nymfen ein-
zuleuchten:
Sie warfen vor ihrer Göttin in halbem Kreise
sich hin,
Und standen nicht auf, bis sie den Eigensinn
Der Stolzen zu seinem Vortheil erweichten;

19.

In so fern wenigstens, daſs sie sich ihn
Zu ihrem Beschützer, so lange sich ihre Schwes-
tern nicht fänden,
Gefallen liefs. Man konnte die Sache nicht bes-
ser wenden.
Mit einer schönen Prinzessin herum im Lande
ziehn,
War in den Zeiten der irrenden Ritter
Nicht was es heut zu Tag' ist. Die Nonne hin-
term Gitter
Ist sichrer nicht, als damahls auf freyem Felde,
ja gar
In stillen Gebüschen und dunkeln Felsenschlün-
den,
Die schöne Angelika selbst bey ihren Beschüt-
zern war;
Wiewohl wir von Amors Schlichen auch
damahls Proben finden.

20.

So standen die Sachen, als Antiseladon
Und unser Held mit aufgezognen Visieren,
Die Spere gefällt, sich Leopardens Thron
Mit Ehrfurcht nähern, sodann behende von
      ihren Thieren
Herunter glitschen, um sich und alles, was
Sie Liebes und Gutes zu ihren Diensten ver-
      mögen,
Nach Rittergebrauch der Dame zu Füfsen zu
      legen.
Allein kaum warf der rauhe Boreas
Den ersten Blick auf unsern schönen Ritter,
So zog sich um seine Stirn ein schwarzes Unge-
      witter,

21.

Sein rollend Auge funkelt Wuth,
Die Adern schwellen, es kocht sein feuriges Blut,
Die Wange glüht, erblasset, färbt sich wieder
Mit braunerm Roth, die dicke Lippe wird blau,
Und, ohne dafs der Respekt vor seiner gebie-
      tenden Frau
Ihn halten kann, wirft er vor ihr sich nieder,
Und schnaubt: „Der Knabe hier, der Ihrer
      Majestät
Sein glattes Mädchengesicht zu weisen
Gelüsten sich läfst, ist, wie er geht und steht,
Ein Schurke, und läugnet er's, traun! so will
      ich's ihm beweisen!

22.

Ein doppelter Schurke! das soll ihm mein blan-
kes Eisen,
Gestatten Sie mir's, in seine Zähne beweisen;
Beweisen, daſs er am Himmel, an seiner Rit-
tertreu,
An allen Damen und mir ein feiger Verräther
sey!"
Das lügst du, Kannibal, fällt trotzig
Ihm Antiseladon ein, und wirft den Handschuh
hin.
„Wer spricht von dir? erwiedert verächtlich
und protzig
Der nervige Enkel des groſsen Fakardin;
Nimm deinen Handschuh auf, und sieh, in
sichrer Ruh',
Dort hinter den Mädchen, dem Spiel, das dich
nichts angeht, zu."

23.

Du lügst es, sag' ich, versetzt der Ritter in
blauen Waffen, ·
Ich wiederhohl' es, du lügst! Der schöne Rit-
ter hier,
Den du zu lästern wagst, erwiese so einem
Laffen
Wie du, durch seine Rache zu groſse Ehre.
Mit mir

Hast du's zu thun; mein Arm soll Rache ihm
       verschaffen!
Die Göttin, deren Ohr dein Lästermaul ent-
       weiht,
Hat, mir dazu den Beyfall abzuschlagen,
Gewifs zu viel Gerechtigkeit.
„Gut! schreyt der Wilde, ich seh' aus deiner
       Hastigkeit
Du hast vermuthlich mehr als Eine Haut zu
       wagen.

24.

Ich gebe noch eine Minute dir zum Bedenken
       Zeit.“
Nicht länger geprahlt, ruft jener, fort, mache
       dich bereit! —
Der schöne Paladin stand während dieser Scene,
An seine Lanze gelehnt, mit einem Anstand da,
Als ging' ihn das, was um ihn her geschah,
Nicht näher an als einen der Söhne
Des Priester Johann. 3) Ein wenig stieg
       ihm das Blut
In seine Wangen, doch nur, um ihrer blühen-
       den Schöne
Mehr Reitz und die Miene zu geben von einem
       Mann von Muth.
Die Nymfen wurden ihm alle vom ersten
       Ansehn gut.

25.

In jedem Blick, aus Augen ihm zugesendet
Worin Bewunderung sich mit zärtlicher Angst
                    vermengt,
Strahlt ein Geständniſs ihm zu, das ihm ein
                    Herz verpfändet.
Allein der Ritter, dem Streit ein Ende zu
                    machen, wendet
Sich an die Prinzessin und spricht: Von wel-
                    chem Dämon gedrängt
Der Ritter hier, vermuthlich des Lebens über-
                    drüssig,
Mich anfällt, weiſs ich nicht. Nie hab' ich ihn
                    gesehn.
Doch ist er ja zu sterben schlüssig,
So soll ihm, wie er will, geschehn;
Mehr Worte wären überflüssig.

26.

Mein Nahm' ist Amadis — „So süſs
Klingt meiner nicht; doch pflegen deines glei-
                    chen
Vor seinem bloſsen Klang schon länger zu
                    erbleichen
Als deine Amme den Windeln dich entlieſs."—
Nimm deine Lanze, Mann, und höre auf zu
                    prahlen!
Spricht Amadis, — und du, von deren
                    Strahlen

Beym ersten Blick mein Herz in heil'gem Feuer
    schmolz,
Begünstige, Göttin, meinen Stolz
Nach deines Beyfalls Ehre zu ringen,
Und laſs durch einen Wink mein Unternehmen
    gelingen!

27.

Mit diesem kräftigen Rittergebete
Umfaſst er seinen gewichtigen Sper,
Und schreitet, wie zum Getön der muntern
    Lydischen Flöte
Ein fröhlicher Tänzer, Sieg athmend einher.
Die spröde Göttin selbst scheint ihm mit wär-
    mern Blicken
Geheime Wünsche nachzuschicken.
Allein wie oft und schwärmerisch er nach ihr
Sich umgesehn, erröthen wir zu melden.
Zwar loben wir Gefühl an einem Helden,
Und, artig mit Damen zu seyn, ist jedes Man-
    nes Gebühr:

28.

Allein von jedem schönen Busen
Sogleich in vollem Brande zu stehn,
Und lauter Zwitter von Charitinnen und Musen,
Von Pallas und Venus in allen Frauen zu sehn,
In Bambo's Töchtern sogar, wovon fünf nach
    einander

Die Ehre gehabt sein Herz in ihrem Wirbel zu
    drehn:
Diefs würde, wir müssen's selbst gestehn,
Mit allen Thaten des grofsen Polexander 4)
Nicht gut gemacht. Bey ihm war's nun zur
    andern Natur
Geworden, und Ferafis, sein Sekretär, beschwur,

29.

Er hab' ihn, an Einem Tage, zwey Damen,
    der einen früh,
Der andern im Mondschein, mit solcher
    Ekstasie
Dafs ihm die Thränen am Backen herunter
    geloffen,
Beweisen gehört, dafs jede von ihnen die erste
    sey,
Die gänzlich sein Herz erfülle; und ging dann,
    wider Verhoffen,
Am nächsten Tage vielleicht, der Paroxysmus
    vorbey,
So war ihm, als ob er aus einem Fieber
    erwache:
Mit Einem Wort, in diesem Fache,
Dank seiner Schwärmerey! war unser armer
    Held
Ein Don Quichotte, so gut als einer in der
    Welt.

30.

Wie weit er mit Leoparden die tragische Lie-
besposse
Getrieben hätte, das bleibt dahin gestellt:
Zum Glück für ihn und uns ruft ihn die Ehre
ins Feld.
Denn B o r e a s tummelt sich schon auf seinem
Dänischen Rosse
In weiten Kreisen herum und strotzt nach Mög-
lichkeit;
Ihr dächtet, Roſs und Reiter werde
Von Einer Seele belebt; sie wiehern beide nach
Streit,
Und werfen die Nüstern empor und stampfen
verächtlich die Erde.
Man sah daſs beiden des Kampfes Gefahr
Und Lanzenbrechen gewohntes Lustspiel war.

31.

Und nun, nachdem auch unser Held
Sein edles Pferd, den Enkel des schnellen
B a j a r d o , beschritten,
(Den, wie ihr wiſst, Rinaldo von Montalban
geritten)
Und mit gelüftetem Sper an seinen Platz sich
stellt,
Nun, glaubt ihr, werden wir stracks, die Zeit
euch zu vertreiben,

Den schrecklichsten Kampf, der je gewesen,
  beschreiben?
Nicht ich! — aus mancherley Gründen! Für's
  erste, weil ich Streit
Und Fehden jeder Art, auf hundert Meilen
  weit,
Von ganzem Herzen, so sehr wie Sancho
  Pansa, hasse,
Man streite nun im Ernst, um Köpfe, oder
  zum Spaße

52.

De lana caprina, mit Lanzen, mit Federn,
  oder auch
Mit Hasenpappeln, womit, nach neuestem
  Brauch,
Um sich die Köpfe nicht ohne Noth zu zwagen,
Die leichten kritischen Truppen am Musen-
  berge sich schlagen;
Für's zweyte, weil wir von Dingen, wovon
  wir nichts verstehn,
(So wenig, mit ihrem Beyspiel hierin uns vor-
  zugehn,
Sehr weise Männer Bedenken tragen)
Nicht gern Gemählde, wie jener Mahler, wagen,
Der unter seine Figuren aus kluger Vorsicht
  schrieb:
Diefs ist ein Schaf, und diefs ein Hühnerdieb!

33.

Wir könnten zwar, wo uns die Farben fehlen,
Den Ariost, und — den er selbst bestahl —
Den alten Amadis bestehlen,
Den Theuerdank, die Ritter vom heiligen
       Gral,
Den Herkuliskus, und andere dicke Bücher
Von diesem Schlage: wir wären wenigstens
       sicher
Daſs unser Plagiat dem Völkchen, das aus Pflicht
Schnell schreiben muſs und ungleich schneller
       lesen,
Verborgen bliebe, so gut als ihm verborgen
       gewesen
Wie oft Freund Lucian aus unserm Munde
       spricht.

34.

Doch, ohne die Gründe zu häufen, der erste
       und letzte von allen
Gilt tausend, und tausend dazu, denn kurz,
       wir wollen nicht,
Und lassen uns auch, wie billig, gern gefallen
Wenn mancher denkt, wir können nicht.
Wir selbst gestehn, mit Maro, ohne Röthe,
Non omnia possumus omnes. 5) Doch
       kommen, zu gutem Glück,
Zwey eiserne Männer auf einer alten Tapete

In echtem Gothengeschmack, die diesen Augen-
blick
Uns gegen über hängt, dem Dichter zu Hülfe.
Sie rennen,
In voller Wuth, so schnell die Rosse laufen
können,

35.

Die Lanzen eingelegt, die Augen zugedrückt,
Auf Pferden wie Elefanten, mit stolzen Büschen
geschmückt,
Einander entgegen; es zittert unter dem Schlag
Des mächtigen Hufes der Boden, die Rosse
schnauben Flammen,
Die Ritter Tod, — und itzt — o! welche
Zunge vermag
Zu sagen, mit welcher Gewalt? itzt stofsen
sie zusammen,
Mit solcher Gewalt, dafs beiden auf Einmahl
der Tag
In Nacht erlischt, und beide, wie fest geschlossen
Ein jeder gleich in seinem Vortheil lag,
Dem Sattel entrückt, mit ihren taumelnden
Rossen

36.

Zur Erde stürzen. — Von Wort zu Wort
ist diefs
Was wir zu schildern hatten, und, Dank der
alten Tapete!

So schlecht es ist, so hätten wir's gewifs
Nicht halb so gut gemacht. — Der schöne
Amadis,
(Für den manch stilles Stofsgebete,
Indem der Zwerg zum Angriff blies,
Aus schönen Lippen vergebens empor gestiegen)
Lag noch in Ohnmacht da, nachdem sein Geg-
ner schon
Sich wieder aufgeraſſt, der itzt mit gierigen
Zügen
Der Rache Wollust trank. Doch Antiseladon

37.

Von Grimm entbrannt, den Kannibalen sieg-
prangen
Und seines Freundes *animulam blandulam* 6)
Zum Orkus flattern zu sehn — Heb', ruft er,
deinen Kamm
Noch nicht so hoch, der Preis ist nicht so
leicht zu erlangen!
Zieh, Feiger! hoffe nicht der Rache zu entgehn!
Nicht unbegleitet soll mein Freund den Acheron
sehn;
Du folgst ihm, oder ich! — „Gut! Wenn
du dein Blut zu vergeuden
So eilig bist, laſs sehn (schreyt jener) welcher
von beiden

Die Ehre haben wird, bey Pluto zur Tafel zu
     gehn;
Da, nimm! diefs wird den Streit entschei-
     den!"

38.

Nicht doch, versetzt der blaue Kavalier,
Der Streich ging in die Luft, Herr Prahler!
     Meine Manier
War immer in solchen Fällen nur durch die
     Klinge zu sprechen.
Itzt folgte Hieb auf Hieb — und während die
     Herren nun
Ihr möglichstes thun einander die Hälse zu
     brechen,
Sagt, schöne Leserinnen, was soll der Dichter
     thun?
Von beiden mufs Einer sterben; diefs läfst sich
     ohne Verletzung
Der Rittergebräuche nicht ändern; nur ist die
     Frage, wer?
Wir möchten doch, aus gebührender Schätzung
Der Damen, welche vielleicht von beiden einem
     mehr

39.

Gewogen sind als dem andern, in einer so wich-
     tigen Sache
Nicht ohne ihren Rath zu Werke gehn. Die
     Rache

Des schönen Amadis wird hier nicht in Rech-
    nung gebracht;
Er ist nicht halb so todt als wir vielleicht gedacht.
Zwar wollten wir wetten, daſs Boreas wenig
    Gönner
Noch Gönnerinnen hat: jedoch sein Widerpart,
(Wiewohl ein groſser Herzenkenner)
Ist auch nicht der Beste; und weder die Art
Von seiner Theorie, noch von den Mitteln und
    Wegen
Wodurch er sie erwarb, kann uns zur Nach-
    sicht bewegen.

40.

Wir wollen indessen *sub rosa* gestehn,
Wir haben uns Mühe gegeben, von einer
    Anzahl Schönen,
Die uns die Ehre erweisen bey unsern Ver-
    sen — zu gähnen,
In aller Stille die wahre Gesinnung auszuspähn.
Aus Einem Mund erklärten sich alle sehr gütig
Für Antiseladon. „Man sehe, sagten sie,
    leicht,
Sein Herz sey nicht so schlimm, als wie er
    selbst vielleicht
Aus falscher Eitelkeit glaube. Verwegen, über-
    müthig,
Leichtsinnig, flatterhaft, undankbar, ungerecht,
Dieſs wären im Grunde vielmehr Grundzüge
    von seinem Geschlecht,

41.

Als Fehler seines Karakters; man müfste der
        Welt sich begeben,
Um nicht mit Männern wie er, und mit noch
        schlimmern, zu leben;
Er sey, mit allem dem, ein Mann von feinem
        Verstand,
Den eine vernünftige Frau, wenn sie mit leich-
        ter Hand
Und guter Manier ihm zu behandeln wüfste,
Zu einem der besten Männer unfehlbar machen
        müfste." —
So sagten die holden Geschöpfe. Und da man
        Ursach' hat
Zu glauben, dafs vom ganzen versammelten
        Weiber-Senat
Die grofse Mehrheit hiezu die Stimme gäbe:
So sterbe Boreas, und Antiseladon
        lebe!

Anmerkungen.

1) vom Zufall, — der die Welt so übel nicht regieret.

Es würde unserm Dichter zu viel geschehen, wenn man ihn für fähig hielte, selbst in einem scherzhaften Gedichte, unter dem Worte Zufall ein blindes Ungefähr zu meinen, welches die Welt regiere. Nach Aristoteles hat die Welt mehrere, unsrer Vorstellungsart nach sehr verschiedene Regenten: — die Nothwendigkeit, die Natur, die Vernunft, und was er Tyche und wir Zufall nennen, (der, wenn er uns günstig ist, Glück, und im entgegen gesetzten Falle Unglück heifst) d. i. eine unbekannte Ursache gewisser Erfolge, die sich weder aus den Gesetzen der Nothwendigkeit und Natur, noch aus dem Gesetz der Vernunft erklären lassen, und die uns daher unerklärbar und unbegreiflich sind, wiewohl sie täglich unter tausenderley Gestalten erscheinen, und (wie die Erfahrung lehrt) meistens — vermuthlich immer — so richtig in den Operazionsplan der übrigen Weltregenten eingreifen, dafs die Stoiker sich für hinlänglich begründet hielten, den Zufall aus ihrem System gänzlich zu verbannen, und seine Verrichtungen durch eine weise und wohlthätige Göttin, Pronöa genannt, versehen zu lassen.

2) Kaliban —

So heißt in Shakspeares Sturm eine Art Halb-
mensch von seiner eigenen Schöpfung; ein unförmli-
ches Mittelding zwischen Mensch und Meerkalb, dessen Erfindung und Darstellung vielleicht das *non plus*
ultra der höchsten menschlichen Einbildungskraft ist,
wie schon Addison in einem seiner *Spectators*
bemerkt hat.

3) Des Priester Johann.

Diesen seltsamen Nahmen (*Prestre - Joan*, *Pre-*
tre - Jan, *Pape - Jan* u. s. w.) führt gewöhnlich
bey den Kosmografen und Reisebeschreibern des 16ten
und 17ten Jahrhunderts der König von Habessinien,
oder, wie er auch häufig genannt wird, der großse
Negus. Gelehrtere Geschichtsforscher hingegen behaupten, daß bloß ein Irrthum der Portugiesen Schuld
daran sey, daß man den Priester Johann, von welchem schon ältere Wanderer viel Wunderdinge erzählt hätten, in Äthiopien zu finden geglaubt habe,
da er doch vielmehr im südöstlichen Asien, zwischen
der Halbinsel jenseits des Ganges und dem Lande
Kathay zu suchen sey, woselbst ein Nestorianischer
Mönch dieses Nahmens ein christliches Reich ge-
stiftet haben soll, welchem der berühmte Eroberer
Dschingis - Kan ein Ende gemacht. Wie viel oder
wenig hieran wahr sey, kann uns hier gleichgültig
seyn.

4) des grofsen Polexander.

Polexander ist der Held eines grofsen heroischen
Romans, der im Jahre 1632 in fünf dicken Oktavbän-
den zu Paris erschien, und seinem Verfasser, Gom-
berville (einem der ersten Mitglieder der vom Kar-
dinal Richelieu gestifteten *Academie Fran-
çoise*) eine grofse Reputazion machte, welche aber
schon im folgenden Jahrzehend durch Kalprenedens
Kassandra verdunkelt wurde. Jetzt sind beide
Werke eben so aus der Mode gekommen und vergessen, wie die Kleidertrachten unter Ludwig XIII.;
wiewohl das letztere in seiner Art immer ein treffli-
ches Werk bleiben und dem Geiste der Zeit Ehre machen wird, worin ein solcher Roman das beliebteste
Lesebuch aller höhern Klassen war.

5) *Non omnia possumus omnes* —

„Wir können nicht alle alles" — ein zum
Sprichwort gewordener halber Vers des Virgils.

6) *animulam blandulam* —

Anspielung an den bekannten Schwanengesang Kaiser
Hadrians:

Animula vagula blandula,
Hospes comesque corporis,
Quae nunc abibis in loca?
Pallidula, rigida, nudula,
Nec ut soles dabis joca.

Oder, nach Fontenellens glücklicher Übersetzung:

> *Ma petite ame, ma mignonne,*
>
> *Tu t'en vas donc, ma fille, et Dieu sâche*
> *où tu vas?*
>
> *Tu pars seulette, nue, et tremblottante, helas!*
>
> *Que deviendra ton humeur folichonne?*
>
> *Que deviendront tant de jolis ébats?*

––––––––––

SECHZEHNTER GESANG.

1.

Es gab zu allen Zeiten, und giebt noch itzt
vielleicht
Karakter, worüber ein Mann, der Menschen-
herzen studieret,
Sich schwerlich mit sich selbst vergleicht
Was ihnen für eine Bezeichnung gebühret.
Ist Strefon redlich? ist er's nicht?
Stets etwas lügt an ihm, setzt welchen Fall ihr
wollet, ·
In jenem sein Leben, in diesem sein Gesicht.
Den Mann, der so devot die hohlen Augen
rollet,
Der immer von fremdem Verdienst und eig-
nem Unwerth spricht,
Und stets versucht sich fühlt, stets mit dem
Teufel ficht;

2.

Der Mann, der kaum zu lächeln sich entblödet,
Und von der Wollust Aristipps
Als wie von Miltons Sünde redet,
Euch seufzend warnt vor ihr, gerade wie Bru-
                der Lips ¹)
Den Knaben bey Hans La Fontänen
Vor Gänschen schreckt als wie vor Amfisbänen:
Den problematischen Mann, sagt Freunde, wie
                nennen wir ihn?
Verdient er dafs wir uns zu seinen Füfsen legen?
Was ihn beseelt, ist's Tugend oder *Spleen?*
Ist's Schwärmerey, Wahl, oder Unvermögen?

3.

War Seneka ein tugendhafter Mann?
War Julian ein Schwärmer oder Weiser?
August, das Muster guter Kaiser,
Ein Halbgott, oder ein Tyrann?
Das Mittelding von Alexandern
Und Münzern, Kromwell, sagt, war er
                ein Bösewicht?
Ein Heiliger? ein Fantast? — Dem einen
                widerspricht
Sein Leben, und sein Tod dem andern:
Non liquet; ja und nein hat gleiche Schein-
                barkeit,
Wir überlassen das Urtheil dem Himmel und
                der Zeit.

4.

Indessen, wenn uns gleich von manchem
        Fänomen,
Aus Mangel des Fensters, das Momus an
        unsrer Brust vermisset,
Die innern Räder und Federn entgehn,
Und mancher vielleicht im Bild andächtiglich
        geküsset
Und fleifsig beräuchert wird, der, kennten wir
        ihn recht,
Im Grund ein armer Sündenknecht
Wo nicht was ärgers war: soll diefs uns irre
        machen?
Wir sehen auf Stoff und Form, nicht auf
        die Farbe der Sachen.
Was Kunst ist, was Natur, ist allen offenbar,
Und unverfälschtem Sinn ist nur das Wahre
        wahr.

5.

Nur wisse man, ungetäuscht von schiefen Sit-
        tenlehren,
Den Menschenverstand und seine Sinne zu
        hören!
Die werden, bleiben wir ihnen getreu,
Nicht selten von der Person, noch öfter von
        den Sachen,
Uns fest in unserm Urtheil machen.

Wir lieben den Don Quichotte, von welcher
    Art er sey,
Und wenn wir seine Schwärmerey,
Nicht i h n , den guten Mann, belachen,
Geschieht es blofs, weil uns G a l e n u s sagt,
Dafs Lachen und fröhlicher Muth die bösen
    Geister verjagt.

6.

„Und alle diese F i l o s o f i e n
Was sollen sie uns? — Warum gerade vor
    diesem Gesang?
Dem Dichter, scheint es, wird mitunter die
    Weile lang,
Und, um sein albernes Werk in achtzehn
    Bücher zu ziehen,
Ist alles gut, was ihm zu Kopfe steigt." —
Herr Kritikus! — H o r a z , dem ihr die Ehr'
    erzeigt
Ihm gelten zu lassen: „Er habe so ganz erträg-
    lich geschrieben,
Und meistens mit Witz und Laune, oft scharf,
    doch ziemlich fein,
(Die Schnaken abgerechnet) den Narren mit
    Narren getrieben,
Und alles diefs in ziemlich gutem Latein;

7.

Obgleich die Griechischen Wörter, Wortfügun-
        gen und so weiter,

Und manche Ode, zu warm von Lieb' und
        Wein,

Wohl möchten unterblieben seyn." —

Horaz demnach, mein Freund, mein Lehrer,
        mein Begleiter,

(Wie meines Hagedorns 2) einst) macht
        meine Apologie.

Wir folgen seinem Gesetz, den Scherz mit
        Sokratischen Lehren

Zu würzen — zwar nach unsrer Fantasie;

Allein wer läfst sich diese Freyheit wehren?

Das Steckenpferd, das wir reiten, hat seinen
        eignen Gang,

Und leidet, so sanft es geht, nicht den gering-
        sten Zwang.

8.

Um also zu Dindonetten, (die, wie ihr
        wifst, sehr nah

Am Herzen uns liegt) zurück in ihre Höhle zu
        kehren,

So stand sie, das grofse Werk zu fördern
        und zu mehren,

Wohl eine Stunde bereits, gleich einer Pythia,

Dem Kabbalisten gegen über,

Mit fliegenden Haaren und blofsen Schultern da,
Und wünschte, während sie ihm steif in die
        Augen sah,
Die Ceremonie wäre vorüber;
Allein den Weisen, der nie in solchem Feuer
        sich sah,
Befällt auf einmahl ein seltsames Fieber.

9.

Ihm pocht gewaltig das Herz, es wird ihm grün
        und blau
Vorm schwimmenden Aug', und, ohne selbst
        zu wissen
Wie ihm geschieht, vergifst er die mystische
        Frau,
(Die nun mit dem Sternensohn ewig wird
        schwanger gehen müssen)
Und liegt mit lechzendem Gaum — zu Din-
        donettens Füfsen.
Stracks füllt ein wirbelnder Dampf mit Finster-
        nifs und Graus
Die ganze Höhle, die Öfen und Tiegel fallen,
Man hört wie ein Rabengekrächz, man sieht
        Gespenster wallen,
Es donnert und blitzt, und unter betäubendem
        Knallen
Fährt mit den solarischen Geistern der
        Drache zum Schorstein hinaus.

10.

Wir möchten uns mit der Gewähr nun eben
    nicht gerne befassen,
Daſs alles dieſs buchstäblich und aufs Haar
Sich so begab, und nicht gemachtes Wetter
    war;
Das Urtheil hierüber sey — dem Leser über-
    lassen!
Genug, des Fräuleins vermeinte Gefahr
Bewog den Weisen, sie kräftig in seine Arme
    zu fassen.
Sie, die vielleicht für Zufall hielt
Was Vorsatz war, zerplatzte bald vor Lachen:
„Mein Herr Filosofus, ey! wo sind nun Ihre
    Drachen?
Bekennen Sie nur, Sie haben die Wette ver-
    spielt!

11.

Ich hätte zu Ihrem Bart mich eines Bessern
    versehen!
Ich meines Orts, ich blieb wie eine Säule
    stehen;
An Ihnen lag die Schuld.“ — Ja, ich gesteh'
    es ein;
(Noch hört er nicht auf, den Arm um ihre
    Hüften zu schlagen)
Und könnten Sie wohl so unbarmherzig seyn,

Und mir den einzigen Trost in diesem Schaden
           versagen? —

„Sie drücken mich, Herr! (spricht jene) Ich
           sage lassen Sie mich!

Ich steh' auf guten Füfsen und brauche keine
           Stütze." —

Doch, was sie sagen mag, ihm steigt die Fie-
           berhitze

Mit jedem Pulsschlag sichtbarlich.

12.

Die Dame merkte zuletzt was ihrem Filosofus
           fehlte.

(Diefs war ihr eignes Wort, als in der Folge sie
Der lieben Amme diefs Abenteuer erzählte)

„Fy! rief sie, schämen Sie Sich vor Ihrer
           Theosofie!

Wo denken Sie hin? Ein Mann mit Ihrem
           Barte könnte

Mein Ahnherr seyn!" — Ein Stofs, wovon
           der alte Gauch

Zu Boden fiel, gab diesem Komplimente

Die volle Kraft; so taumelt Silen auf seinen
           Schlauch:

Und als er endlich mit Müh' sich wieder aufge-
           wunden,

War Dindonette — gar verschwunden!

13.

Er lief ihr eilend nach, und kam noch eben
recht
Von einem schimmernden Ritter sie ihm ent-
führt zu sehen.
Es schien mit gutem Willen der Dame zuzu-
gehen:
Diefs gab ihr runder Arm, fest um den edeln
Knecht
Geschlungen, ziemlich klar zu verstehen.
Er hätte sie lieber dem Bel zu Babel im
Rachen gesehen!
Dazu kam noch, zu allem Überflufs,
Ein fernher zugeworfner Kufs,
Begleitet mit einem leichtfertigen Kichern,
Ihm ihre Wiederkunft ironisch zuzusichern.

14.

Mich jammert der arme Mann, dafs seine Ster-
nenkunde
Ihn diefsmahl so übel bedient! Die Qual des
Tantalus
Ist nun, so lang' er noch das Daseyn schleppen
mufs,
Sein Loos dafür, dafs Dindonette die Runde
In seine Höhle zu einer bösen Stunde
Verirren mufste! wofern er nicht vielleicht
Gescheider ist, und denkt: wo Leute leben,

Da muſs es wohl mehr runde Mädchen geben —
Den Bart herunter mäht, wodurch er Satyrn
gleicht,
Und in die Welt zurück sich schleicht.

15.

Der Ritter, der Dindonetten von ihrem guten
Glücke
Entgegen geführet ward, erkannte beym ersten
Blicke
Die Tochter Bambo's. Es war der Prinz von
Trapezunt,
Der, kürzlich von Le oparden aus ihrer
Atmosfäre
Verbannt, mit seinem Herzen den Bund
Beschworen hatte, der ersten (vorausgesetzt
sie wäre
Nicht gar zu häſslich, noch gar zu tief
An Herkunft unter ihm) auf ewig es einzu-
räumen.
Denkt wie es ihm schlug, als plötzlich zwi-
schen den Bäumen
Ihm Dindonette, beym Nahmen ihn rufend,
entgegen lief.

16.

Nie war sie ihm so reitzend vorgekommen.
Und wirklich hatte der Vorgang beym Magus
ihren frommen
Nichts sagenden Augen, in die man ohne Gefahr

Sonst sehen konnte, mehr Feuer, den schlaffen
    Zügen mehr Leben,
Und ihrer ganzen Person was Interessantes
    gegeben.
Der Ritter, der so manches Jahr
Von allen Gefährten der Liebe nur Schmerz
    und Verzweifelung kannte,
Glaubt neu geboren zu seyn, so oft ihr mildes
    Gesicht
Und ehrliches blaues Aug' ihm wohl zu begeg-
    nen verspricht,
Und segnet die Stunde, da ihn Frau Leoparde
    verbannte.

17.

Die runde Prinzessin, so bald sie erfuhr
Er sey von jener in ganzem Ernst entlassen,
Trug kein Bedenken, von ihm sich lieben zu
    lassen;
Denn wirklich war sie die beste gefälligste
    Kreatur,
Unfähig Jagd auf ein Herz, das einer andern
    gehörte,
Zu machen, und (wenn man sie nur in ihrer
    Verdauung nicht störte)
Sich selbst und allen Wesen von ganzem Her-
    zen gut,

Stets willig zu glauben was ihr die Leute sagten,
Doch Faunen und Kabbalisten, die ihr zu nahe
      sich wagten,
Zurück zu treiben voller Muth.

18.

Nichts leichters wäre nun zwar, als noch zehn
      Jahre lang
Die Töchter Bambo's auf ihren langhalsigen
      Thieren
Bis zum fünfhunderten Gesang
Die Welt durchtraben zu lassen, in seltsame
      Avantüren
Und schlimme Händel voll Sturm und Drang
Sie einzuflechten, und, um stets neue Knoten
      zu schnüren,
Mehr Narren und Närrinnen aufzuführen
Als Doktor Sebastian Brand in seinem
      Narrenschiff;
Und alles dieſs, mit Hülfe von Alquif,
Urganden und Merlin, so unter einander
      zu rühren,

19.

Daſs endlich weder die Leser noch wir
Uns mehr heraus zu finden wüſsten,
Und daſs wir zuletzt, zum Zeichen das Lust-
      spiel ende sich hier,
Den Vorhang fallen lassen müſsten.

Allein davor sey unser Genius!
Im Gegentheile, wir eilen, wiewohl mit Weile,
      zum Schlufs;
Und da (wie Euklides uns lehrt) bald anzu-
      langen, immer
Das Sicherste war den nächsten Weg zu gehn:
So soll Don Blömurant mit seinem Frauen-
      zimmer
Sich noch vor Tafelzeit im Schlofs des Negers
      sehn.

20.

Doch, eben sehen wir dort noch einen von
      unsern Leuten
In diesem bezauberten Wald, wo unsre Scene liegt,
Wohin sein Gaul ihn führt ganz niedergeschla-
      gen reiten.
Wenn uns sein Sonnenschirm nicht trügt
Und seine ganze Figur, die (mit Einschlufs
      von Stiefeln und Sporen)
Kaum mehr als die Luft, die er verdränget,
      wiegt,
So ist's Herr Parasol, der, seit er den Fächer
      verloren,
Ut iniquae mentis asellus, mit nieder-
      hangenden Ohren
In diesen Gegenden irrt und seiner Albernheit
      flucht,
Nachdem er die Feie Mab vergebens aufge-
      sucht.

21.

Die schweifte herum, Prinzessen und Prinzen
zu begaben,
Und dachte wenig an ihn. — Nun, da wir
überdiefs
Die Blonde der Blonden (die ohne Ritter
und Knaben,
Seitdem Herr Tulpan sie aus seinem Schlosse
verwies,
Herum fährt) zu versorgen haben,
Und wirklich sie schon zu lang' in diesem ver-
lassenen Stand
Vergafsen, — wie, wenn ich sie unter der
Hand
Mit Parasol, ci-devant Ritter vom Fächer,
zusammen brächte?
Die Wahrheit (wiewohl die Prinzessin es nie-
mahls eingestand)
Ist kürzlich: sie reisen bereits zwey Nächte

22.

Auf Einem Pferde zusammen; und jeder, wefs
Standes sie sey,
Die etwas zu ihrem Nachtheil hieraus vermu-
then wollte,
Verhalten wir nicht, wenn's auch den Junker
verdriefsen sollte,
Die Dame — verlor, und Er gewann gleich
wenig dabey.

So blond und fad, so reich an kleinen Mährchen,
An Liederchen, Epigrammen und ärgerlichen
Histörchen
Don Parasol war, so stark in der grofsen
Kunst
Nonsensikalische Dinge mit guter Art zu sagen,
Es half ihm wenig bey ihr: der blonden Göttin
Gunst
Ward nicht so leicht davon getragen.

23.

Zwar schien er ihr noch immer gut genug,
Aus Mangel ihres Papagayen
Zu seinem Gequäk' ein schläfrig Ohr zu leihen;
(Denn Blaffardine hielt nicht viel auf Tän-
deleyen,
Wiewohl sie selbst nicht schwer an ihrem
Witze trug)
Man mufs sich (sprach sie, und dachte in die-
sem Stücke klug)
Zumahl auf Reisen, mit dem, was da ist, amü-
sieren,
Wär's ein Perückenkopf. Doch, wie sich die
hübschen Herrn
Zu schmeicheln pflegen, so glaubte das kleine
Männchen nicht fern
Vom Glücke zu seyn, ihr Marmorherz zu
rühren.

24.

In dieser Lage traf der Prinz von Trebisond
(Der, seit die runde Dindonette
Sich seines Herzens erbarmte, nicht mit dem
                    Kaiser im Mond 3)
Sein neues Glück vertauschet hätte)
Die beiden Reisenden an. 'Sie priesen den
                    Zufall darob;
Allein den Geistern des Negers, die über alles
                    walten
Was Bambo's Töchter und wir bisher für Zufall
                    gehalten,
Gebührt von allem dem das Lob:
Unwissend wird Blaffardine, von ihrer
                    Schwester begleitet,
Durch einen Geheimweg von ihnen in seine
                    Gärten geleitet.

Anmerkungen.

1) wie Bruder Lips u. s. w.

S. *Les oyes du Frere Philippe* in den *Contes de la Fontaine*, wovon sich eine sehr artige, wiewohl ein wenig zu schwatzhafte Nachahmung im dritten Bande der Bremischen Beyträge befindet.

2) Wie meines Hagedorns —

Horaz, mein Freund, mein Lehrer, mein Begleiter, ist der erste Vers eines der schönsten Stücke dieses liebenswürdigen Dichters, Horaz betitelt, im ersten Bande seiner poetischen Werke: welche, wiewohl sie jetzt ziemlich vergessen scheinen, eine ehrenvolle Stelle in dem Deutschen Musen-Tempel nie verliehren werden.

3) nicht mit dem Kaiser im Mond.

Vermuthlich ist hier nur *Arlequin Empereur de la Lune* gemeint.

SIEBZEHNTER GESANG.

1.

Inzwischen lag der Ritter, der diesem Wun-
        dergedicht
Den Nahmen giebt, nach seinem Sturz vom
        Pferde
Noch auf dem Schoofs der alten Mutter Erde,
Ins Gras gestreckt, mit Augen ohne Licht
Und athemloser Brust in Ohnmacht tief verlo-
        ren —
Doch nein! schon hat ihn, mit Hülfe der
        unbezauberten Mohren,
Sein Sekretär, der treulich über ihn wacht,
In eine der nächsten Hütten gebracht,
So krank, als hätt' ihm (die Sache heroisch zu
        sagen)
Der Hurensohn Roland die Glieder mit einem
        Eichbaum zerschlagen. [1]

2.

Das Übel wurde durch eine Wunde erhitzt,
Die ihm ein wenig mehr als nöthig zur Ader
gelassen:
Ihm hatte, wiewohl von seinem Schilde
beschützt,
Die Lanze des knochigen Boreassen
Die rechte Brust ein wenig aufgeschlitzt.
Bedeutend war es nicht. Doch alles zusammen
erweckte
Im ersten Momente, da er zu Boden fiel
Und Blut die Schuppen des goldnen Panzers
befleckte,
Bey Leoparden, die schon ein Tröpfchen
Blut erschreckte,
Die Furcht vor einem Trauerspiel.

3.

Ihr Herz, wir können's nicht bergen, nahm
Antheil an der Sache,
Und lieber hätte der apokalyptische Drache
Don Boreassen, noch ehe der Fall geschah,
Durch sieben Höllen geführt, als dafs sie Ama-
disen
Verwundet und ohne Athem im Grase liegen
sah.
Indessen, da sie bisher sich immer spröde
bewiesen,

Und in den Kredit sich gesetzt ihr Busen sey
               von Stein,
So muſs des Karakters Einheit schon beybehal-
               ten seyn;
Doch meinten die Nymfen, die ihr am nächs-
               ten waren,
Ihr sey in der ersten Bewegung ein zärtlich
               Ach! entfahren.

4.

Die Hütte, wohin man indeſs den schönen
               Amadis
Getragen, wurde bewohnt von einer freundli-
               chen Alten,
Die jungen artigen Leuten nicht ungern mer-
               ken lieſs
Wie viel sie, zu ihrer Zeit, auf hübsche Män-
               ner gehalten.
Die gute Frau stand in dem ganzen Rebier,
Kraft eines Manuskripts voll Salben und Kräu-
               tertränken,
In groſsem Ruf. Kein Übel läſst sich erdenken
Wofür sie kein Mittel wuſste. Sie hatte ein
               Elixier
Wovon drey Tropfen, in Blut von einem
               schwarzen Hahne
Genommen, Todte sogar, aus Charons leckem
               Kahne

5.

Zurück ins Leben riefen, sofern der Verstor-
     bene nur
Nicht mit dem rechten Fuſs zuerst hinein
     gestiegen.
Ein Kranker mochte woran er wollte liegen,
Gicht, Hüftweh, Zipperlein, Auszehrung,
     Pest und Ruhr,
Gleich viel, sie hatte die gröſste Wunderkur
Im nehmlichen Falle vor so und so viel Jahren
An einem gewissen verrichtet, bey welchem
     jedoch die Natur
Und Milz und Leber noch in gutem Stande
     waren:
Denn, sprach sie, fault die Milz und dorrt die
     Leber ein,
Dann mag der liebe Gott dem Kranken gnädig
     seyn!

6.

Der Zufall konnte nicht besser für unsern Hel-
    . den sorgen.
Die Alte that Wunder, und brachte durch ihre
     Kräuterbrühn,
Umschläge, Latwergen und Salben den guten
     Paladin
So weit, daſs er am nächsten Morgen,
Als sie, mit vielem Gepräng' und nicht zu
     leichter Hand

Den Zustand der Wunde beaugte, sich merk-
        lich — schlimmer befand.
Sein Wasser, vermuthlich von ihren Latwergen
        gefärbet,
Gefiel der Urgande nur halb; sie zog ein langes
        Gesicht,
Und wiegte den grauen Kopf; doch, sprach
        sie, sorgen Sie nicht,
Sofern uns nur die Milz den Handel nicht
        verderbet,

                7.

So steh' ich dem gnädigen Herrn für die Gene-
        sung gut.
Ich hab' ein Pflaster von einer alten Base
Geerbt, das wahre Wunder thut:
Es kühlt den Brand, erweicht den Stein in der
        Blase,
Zertheilt den Schleim und das gestockte Blut,
Heilt offne Schäden und Brüche, kurz, ist für
        alles gut! —
Wie viel diefs herrliche Pflaster zur Heilung
        beygetragen,
Entscheide die Fakultät. Genug, nach sieben
        Tagen
Befand sich, trotz dem Pflaster, unser Held,
Dank seiner guten Natur! vollkommen herge-
        stellt.

8.

Wir können nicht bergen, ein Mädchen —
von der Alten
Die Tochter, oder doch so wie eine Tochter
gehalten —
Trug auch das ihrige bey; ein Mädchen, wie
Amadis,
Seitdem er seinen Thurm verliefs,
Noch keines gesehn, und hier in Schäferhütten
Zu finden mächtig erstaunte; ein Mädchen, das
Witz und Verstand
Im reinsten Ebenmafs verband,
Schön von Gemüth, untadelich von Sitten,
Von Anspruch, Grillen, Ziererey,
Koketterie und allen den kleinen Fehlern frey,

9.

Mit deren einem und andern die Damen unsrer
Herzen
Gewöhnlich behaftet sind; gefällig, zärtlich,
gut,
Freymüthig, ohne Falsch, von immer fröhli-
chem Muth,
Und mit der Gabe begabt, so angenehm zu
scherzen,
So schön zu erzählen, und mit so guter Art
Die feinsten Bemerkungen anzubringen,
Dafs, wer sie hörte, von ihr bezaubert ward;

Und fing sie vollends an zu ihrer Zitter zu
    singen,
Dann war es sogar für einen Stoiker hart,
Sein Herz ganz heil davon zu bringen.

10.

Bey so viel Talent, Verdienst und Tugend —
    gebrach
Nur Eins, und dieſs Einzige sagte nicht etwa
    der Neid ihr nach,
Es war was Amadis selbst fast alle Minuten
    beklagte:
Man konnte nehmlich, um nur nicht gar ein
    Stachelschwein
Und Seekalb vorzustellen, unmöglich häſslicher
    seyn.
Der arme Ritter! So oft sie was Artiges sagte,
(Was häufig geschah) und, was noch öfter
    bey ihr
Der Fall war, so oft ihr Herz in einem schönen
    Gedanken
Sich mahlte, traten die Thränen ihm schier
Ins Aug', und kaum erhielt er seinen Schmerz
    in Schranken;

11.

Kaum rief er nicht überlaut: Olinde, was
    gäb' ich dafür
Du wärest — nicht schön, wer denkt noch an
    Schönheit bey dir?

Nur bloſs den Augen nicht unerträglich!
Wohl hundertmahl seufzt' er ihr dieſs in Einem
Tage vor,
Und sah dem Affengesicht so traurig, so beweg-
lich
Ins Auge, und dann so erbittert zum grausa-
men Himmel empor,
Drückt' ihr die Hand, die ihm von allen mög-
lichen Händen
Die schönste däucht — auch war sie wirklich
fein —
So sehnlich, es hätt' ein Stein, ein steinerner
Stein,
In Mitgefühl schmelzen müssen, wenn Steine —
was empfänden.

12.

Hier können wir nicht umhin, so leise, wie
einst der Barbier
Des Königs Midas, dem Leser ins Ohr zu
zischen:
Wie häſslich Olinde auch war, so stand's
doch bloſs bey ihr
Die Wirkung ihres Gesichts in Amadis zu ver-
wischen;
Denn Arm und Nacken und Hals und was dazu
gehört,
Kurz, was an ihr unsichtbar blieb, war einer
Göttin werth.

Die schmalste Öffnung an ihrem Halstuch
   hätte
Den armen Prinzen zum glücklichsten Wesen
   gemacht;
Er hätte, an einer natürlichen Kette
Von Schlüssen, das übrige gern von selbst
   hinzu gedacht.

15.

Allein die behutsame Art, womit sie, von den
   Füfsen
Bis an die Zähne beynahe, verschanzt war,
   liefs nicht viel
Zum Vortheil des Verborgenen schliefsen.
Was (dachte man) könnte das kleine Krokodil
Bewegen — hätte sie was ein solches Gesicht
   zu vergüten —
Der leisesten Ahnung sogar den Zugang zu
   verbieten?
Olinde war viel zu klug, um diese Gedanken
   nicht
In allen Augen zu lesen; doch that sie nicht
   dergleichen,
Entschlossen, von einem Gesetz, woran das
   ganze Gewicht
Von ihrem Schicksal hing, kein Haar breit abzu-
   weichen.

14.

Indessen mochte der Ritter sein unerhörtes
    Geschick
Bejammern so lang' er wollte, sich krümmen,
    winden und drehen,
Und zwischen Abscheu und Liebe beynahe vor
    Schmerz vergehen;
Zuletzt, und nur zu bald, kam doch der
    Augenblick,
Kam schon am achten Tage seitdem er Olinden
    gesehen,
Da er die Kraft verlor es länger auszustehen.
Doch seinem Freunde, dem Antiseladon,
(Der ihm von Zeit zu Zeit Bericht, wie weit
    er's schon
Bey Leoparden gebracht, erstattet) sein
    Herz zu entfalten,
Ward er durch Furcht vor Spott, wie billig,
    abgehalten.

15.

Wie könnt' ihm dieser die Schwachheit für so
    ein Scheusal verzeihn?
Man hat ja wohl die Erlaubnifs, häfslich zu
    seyn,
Doch nicht, die Augen so gröblich zu ver-
    letzen!
Indefs gestand sein billiger Freund ihm gern,

(Nach dem, was Amadis ihm von ihres Geistes
       Schätzen
Und Reitzen sagte, dem köstlichen Kern
In dieser häfslichen Schale) „sie könnten den
       Abgang ersetzen,
Wofern er ersetzlich wäre." — Ein böses ver-
       hafstes Wofern!
Das unsern Helden zwey ganze Tage quälte,
So schrecklich quälte, dafs wenig am Geist-
       aufgeben fehlte.

16.

Olinde, wie günstig sie auch dem Ritter
       heimlich war,
Wie sehr sie Mühe sich gab ihn aufgeräumter
       zu machen,
Sah doch in ihrem und seinem Herzen zu klar,
Um über sich selbst nicht scharf genug zu
       wachen,
Dafs ihre Zärtlichkeit stets in ihrer keuschen
       Brust
(Ach! hätte der arme Ritter, wie schön sie
       war, gewufst!)
Verschlossen blieb, und blofse Güte des Herzens,
Blofs Freundschaft von ihrem Betragen das
       wahre Triebrad schien.
Indessen machte sie doch der Anblick seines
       Schmerzens
Den häfslichsten Mund noch häfslicher oft
       verziehn.

17.

Oft blinkten ihr Thränen im Aug'. In einer
solchen Stimmung
Befanden sie einst sich um die Dämmerungs-
zeit
An jenem Bache, der sich mit mancher schlän-
gelnden Krümmung
Durch Rosen wand. Ein Tempel, dem Hy-
men geweiht,
Stand ihnen im Gesicht, und liebliche Hügel
hegen
Das angenehmste Thal. In schwarze Traurig-
keit
Versenkt, schien Amadis, nur wie ein leblos
Bild zugegen,
Von allem nichts zu sehn, wiewohl er die
Augen auf sie
Geheftet hielt. Auch sie erfuhr die Magie
Mit welcher Seelen einander durch blofse Blicke
bewegen.

18.

Sie fühlte des längern Schweigens Gefahr,
Und, um sich selbst und ihn ein wenig auszu-
kühlen,
Sprach sie mit freundlichem Lächeln (wiewohl
ihr Lächeln sogar
Durch ihrer Muskeln Schuld nicht sehr bezau-
bernd war)

„Wie traurig Sie sind, mein Freund! Sie fühlen
Den schönsten Abend nicht! Ich bitte, ermuntern Sie Sich!
Ich nahm die Guitarre mit mir, und itzt besinn' ich mich
Des Liedes, das Ihnen gefiel; ich will es Ihnen spielen. "
Er nickte schweigend Ja; sie that's, sie spielt' und sang
Ein Lied, zu singen bey Sonnen-Untergang;

19.

Das süfseste aller Rondo's.   In ihrer Stimme klang
Was Felsen schmelzen, Tieger rühren,
Die Seelen aus ihren Leibern führen
Und Todte beseelen könnte, wie Laurens Dichter sang. 2)
Lang' safs der Ritter, im Zauber ihrer Lieder
Verloren, da, als säh' und hört' er nicht,
Den Kopf auf den Busen gesenkt.   Auf einmahl scheint er sich wieder
Gefunden zu haben; er wirft sich vor ihr nieder,
Verbirgt in ihrem Schoofs sein thränenvolles Gesicht,
Und — ach Olinde! — ist alles was er spricht,

20.

Und was er sprechen kann.   Mit zitternden
              Händen strebet
Das gute Mädchen, sich ihm, so sanft sie kann,
              zu entziehn:
Allein er ruft: Olinde, was dieses Herz bele-
              bet
Ist deiner so würdig, und Du verkennst mich?
              willst mich fliehn?
O wär' es möglich, könnt' Olinde für m i c h
              empfinden
Was ich für s i e! — Hier schwieg er, und
              drückt' auf ihre Hand
So zärtlich den glühenden Mund, dafs wirklich
              der guten Olinden
Das Herz entschlüpfte, und dafs sie die Kraft
              nicht in sich fand,
Zu allen seinen übrigen Plagen
Ihm eine Kleinigkeit, wie ihre Hand, zu ver-
              sagen.

21.

Doch sprach sie endlich, wiewohl im Anfang
              ihr
Die Stimme versagte: „Mein Prinz, Sie glau-
              ben nicht mit m i r
Zu reden; wie thöricht wär's, wenn i c h es
              glauben könnte!
Das Lied hat Ihnen vermuthlich, mein Freund,

In einem begeisternden Momente
Das Bildnifs einer Geliebten, die Ihre Entfer-
     nung beweint,
Die Quelle des bängsten und doch so gern
    . . . genährten Schmerzens,
Vor Ihre Stirne gebracht; Sie glauben sie wirk-
     lich zu sehn;
Die Dämm'rung begünstigt den süfsen Irrthum
     des Herzens —
Wie plötzlich würd' er nicht durch Einen Blick
     vergehn!"

22.

O! rief er, dafs diefs Herz ganz offen vor dir
     läge!
Hör' und erkenne der Wahrheit reinstes Ge-
     präge
In meinem Geständnifs, Olinde, höre mich an.
Ich glaubte schon oft zu lieben, doch war's nur
     Traum und Wahn;
Betrug der Fantasie, der Sinne war's! —
     Olinde,
Erst seit ich Dich, und alles in Dir vereini-
     get finde,
Was Seelen fesseln kann, erfahr' ich, wie übel
     ich mich
Vorher geirrt. Ich kannte die seligen Triebe
Der wahren Liebe nie! Dich lieb' ich, Beste,
     Dich,
Zum ersten Mahl, und o! mit welcher Liebe!

25.

Mit einer Liebe, die mir, mir selbst, ein Wun-
      der ist,
Und doch so natürlich, als hätt' ich, seitdem ich
      mein Daseyn fühlte,
Nichts anders gethan. O glaub' es, Olinde, du
      bist,
Wenn auch die ganze Welt für einen Thoren
      mich hielte,
Unendlich schöner für mein Herz
Als meinen Augen die Puppen, womit ich eh-
      mahls spielte.
„Ich sollte, versetzt Olinde, vielleicht diefs al-
      les in Scherz
Verwandeln — allein, mit Ihnen dringt etwas,
      das ich nie fühlte
Und kaum mir nennen darf, mich, ganz wahr
      und offen zu seyn.
Ich kenne Sie, oder bild' es zum wenigsten
      gerne mir ein,

24.

Ich kenne Sie gut genug, um Ihnen zuzu-
      trauen
Sie fühlen was Sie mir sagen. Auch bin ich
      nichts minder als blind
Für meinen eigenen Werth. Ich glaub' in Ihr
      Herz zu schauen;
Es findet Vorzüge bey mir, die bey den schönen
      Frauen

Aus einem ganz simpeln Grund nicht sehr ge-
    wöhnlich sind.
Sie lieben meinen Geist, mein Gemüth, die
    kleinen Talente,
Wodurch mein Umgang, zumahl in dieser Ein-
    samkeit,
Was Interessantes vielleicht in Ihre Stunden
    streut;
Und wenn ich zu diesen Gaben, die meine Lage
    mir gönnte,
'Nur eine einzige noch mir selber geben
    könnte;

25.

Die Gabe, die Brunells Ring dem, der im
    Mund ihn trug, 3)
Mittheilte, mit welchem Vergnügen folgt' ich
    dem süfsen Zug
Der Sympathie! — Doch, ohne auf Wunder
    zu hoffen,
Sey Ihnen das Einzige, was Olinde geben kann,
Mein ganzes Vertrauen geweiht! Mein Herz
    steh' Ihnen offen,
Und, als den Anfang davon, Freund, hören Sie
    folgendes an!
Ich war nicht immer was itzt. Mir gab ein
    König das Leben,
Und noch nicht lange, so hatten die Dichter
    von Hindoustan

Nichts angelegners als meine Gestalt zu er-
      heben,
Und unsre Schönsten sah'n mit neidischen Au-
      gen mich an:

26.

Mein Vater, mög' es ihm Brama verzeihn!
Ermangelte nicht, um Zeuge von allem Unfug
      zu seyn
Den meine Augen verübten, mich fleifsig in
      allen Refieren
Des Reichs zur Schau herum zu führen.
Man trieb beynah' Abgötterey mit mir;
Auch büfste ich, über der albernen Gier,
Die armen Männer ihr Bifschen Vernunft ver-
      lieren
Zu machen, sehr bald mit meiner eignen
      dafür.
Vergebens schien die Natur durch viele bessere
      Gaben
Der Schönheit das Gegengewicht in mir gehal-
      ten zu haben:

27.

Sie halfen mir zu nichts, als meine Eitelkeit
Auf einen Grad von Unausstehlichkeit,
Der meiner Schönheit glich, zu treiben;
Ich war, mit Einem Worte mich völlig zu um-
      schreiben,

Das völlige Gegentheil von meinem jetzigen
        Ich,
Und hatte die Miene so zu bleiben:
Als plötzlich die Grille mir kam, von einem
        Himmelsstrich
Zum andern mein schönes Gesicht herum zu
        promenieren.
Auf dieser Reis' erblickte ein schwarzer Zau-
        berer mich,
Und nahm sich die Freyheit heraus mich heim-
        lich zu entführen.

23.

Er hätte, sagt' er zu mir, sich in den Kopf
        gesetzt,
Mit einer schönen Frau sein schönes Schloß zu
        möblieren,
Und da er mich dieser Ehre vor andern werth
        geschätzt,
So hoff' er, ich werde die Zeit nicht mit Gri-
        massen verlieren.
Wie solch ein Antrag, in einem solchen
        Ton
Der stolzesten Schönen gemacht von einem sol-
        chen Adon,
Empfangen wurde, ist leicht zu schließen.
Der Neger, gewohnt, daß alles vor seiner
        Macht

Sich bückte, und ungelehrig zu eines Mädchens
    Füfsen
Zu schmachten — gab mir nur Bedenkzeit bis
    zur Nacht.

29.

Zuletzt (um über die Scenen von seinem Über-
    muthe
Und meinem Trotze so schnell als möglich
    wegzugehn)
Berührt' er zürnend mich mit seiner Zauber-
    ruthe,
Und stracks befand ich mich so, wie Sie mich
    vor Sich sehn.
So mufste noch wohl kein Mädchen für ihre
    Hoffart büfsen!
Es schien mir ganz unmöglich mein Daseyn
    auszustehn,
Und könnte man wirklich in Thränen zer-
    fliefsen,
Ich hätt' im wörtlichen Sinn zur Quelle werden
    müssen.
Doch, als der erste Schmerz verweint war, fing
    ich an
Zu merken, dafs mir der Neger die gröfste
    Gnade gethan.

30.

Er zwang mich, Gaben, die ich, so lang' ich
schön gewesen,
Verachtete, anzubaun.   Ich hatte nun gute Zeit,
In einer gezwungenen erst, dann süfsen Ein-
samkeit,
Im Buch der Natur und in mir selbst zu lesen.
Ich wurde mit meinem Innern vertrauter, und
spähte darin
Verborgene Reitzungen aus und manchen neuen
Sinn,
Ursprüngliche Quellen von reinem hohem Ver-
gnügen,
Die, unerkannt, in uns begraben liegen;
Kurz, wie sich mein voriger Stand aus meiner
Erinn'rung verlor,
Ging ich, wie ein andres Geschöpf, zu neuem
Daseyn hervor.

51.

Ich wurde gefällig, sanft, verbindlich, glaubte
nicht
Dafs andre m i r mehr Achtung schuldig seyen
Als ihnen i c h, und machte mir zur Pflicht
Sehr wenig mir selbst und andern viel zu ver-
zeihen.
Schön, wufst' ich dafs ich gefiel; und alles
was man that

Um mir zu gefallen, war immer noch weni-
        ger als man sollte;
Jetzt mufst' ich gefällig seyn, da war kein
        andrer Rath,
Wenn ich erträglich werden wollte.
Auch lernt' ich den Witz, der sonst in meinen
        Händen
Ein Dolch gewesen war, wohlthätig anzu-
        wenden.

32.

Sonst scheute man sich vor mir, itzt wurde
        mein Umgang gesucht;
Ich durfte mich frey zu zeigen wagen,
Und reitzte niemands Eifersucht.
Sie ist, so pflegten die Schönen aus Einem
        Munde zu sagen,
Das häfslichste Menschengesicht, das man ver-
        langen kann,
Doch mufs man ihr gestehn, Geist hat sie wie
        ein Engel.
Urtheilen Sie, ob ich beym Tausche gewann?
Jetzt übersieht man meine Mängel,
Ist immer das Beste von mir zu denken bereit,
Und meine Verdienste selbst erwecken keinen
        Neid;

33.

Ich darf sie ohne Scheu entfalten,
Weil niemand was mir fehlt durch sie vergütet
    hält;
Kurz, ich gewinne dadurch bey Schönen und
    Ungestalten:
Denn, wenn die Schöne bey mir sich desto bes-
    ser gefällt,
Wie müssen nicht erst die Häfslichen und die
    Alten
Mich lieb gewinnen, da jede, mir gegen über
    gestellt,
Die Wollust schmeckt sich selbst für schön zu
    halten!
Ich wiederhohl' es, Freund, von allem in der
    Welt
Nur Brunells Ring, so hab' ich durch den
    Mohren
Unendlich mehr gewonnen als verloren. "

34.

Hier können wir länger nicht schweigen.   Ent-
    weder sie sagt das Ding
Das nicht ist, 4) oder es steckt sonst etwas
    hinter der Sache.
Ein Mädchen, das zufallsweise aus einer Venus
    ein Drache
Geworden, glaubet mir, denkt, wie klug sie
    ist, nicht so gering

Von ihrem Verlust.   Sich selbst zur Hälfte todt
    und begraben
Zu sehn, ist wohl kein Spaſs.   Wie viel sie
    dabey vielleicht
An Geist und Herz gewinnt, die Zeit kommt,
    da ihr däucht
Zu ihren Vollkommenheiten auch noch die
    Schönheit zu haben,
Das wäre doch besser! Es ist, bey allem
    dem,
Von mehr als Einer Seite bequem und ange-
    nehm,

35.

Das Biſschen Verstand der Männer, vom jungen
    luftigen Knaben
Bis zum gerunzelten Greis, in seiner Gewalt zu
    haben,
Und aus den vermeinten Herren der Welt
Die albernsten Gecken zu machen, so bald es
    euch gefällt:
Bekennet, Kinder, dieſs ist ein kleiner Vortheil,
    dem keine
Die seinen Reitz geschmeckt, mit kaltem Blut
    entsagt;
Ein Vorzug, um welchen manche sogar dem
    Augenscheine
Und ihrem Spiegel selbst noch Trotz zu bieten
    wagt.

Doch wie es mit unsrer Olinde hierin be-
    schaffen gewesen,
Bekommen wir ohne Zweifel im letzten Gesange
    zu lesen.

36.

Indessen, daſs unser Held, mit einer nie zuvor
Gefühlten Schwäche, sein Herz an eine Dame
    verlor,
Zu welcher sich offen und laut zu bekennen
Ein Muth erfodert wurde, der ohne Beyspiel
    ist :
Befand sich Leoparde, durch Amors Trug
    und List,
In einem fiebrischen Stande, den wir der Stol-
    zen gönnen.
Weil jede Krankheit zuförderst, wie Doktor
    Sassafras meint,
Um glücklich sie kurieren zu können,
Benahmset werden muſs, so scheint
Wir können die ihrige wohl nicht anders als —
    Liebe nennen.

37.

Allein, das war es nicht! Es war ein bloſser
    Zug,
Ein bloſser Geschmack, ein ganz unschuldig
    Verlangen
Den Ritter öfters zu sehn, der einem Mädchen
    an Wangen

Und Locken glich und doch sich wie ein Roland
  schlug,
Nichts als ein übergehendes Wallen
Im Blute, von der Begier dem Ritter zu ge-
  fallen
Begleitet; und für den Anfang war's allerdings
  genug.
Doch, was es auch war, so hatte sie den Ver-
  druſs, zu sehen,
Daſs unser Held, so bald er auszugehen
Im Stande war, fürchterlich kalt sich gegen sie
  betrug;

58.

Er, der vor kurzem noch so stark von ihr
  getroffen
Geschienen, und dem ihr Auge, wenn um den
  Minnelohn
Das seinige bat, beynah' erlaubte zu hoffen!
Es war verdrieſslich, im Komplimententon
Die frostigsten Dinge sich sagen zu hören.
Doch kaum entdeckte Herr Antiseladon
(Um alle Hoffnung bey ihr von Grund aus zu
  zerstören)
Ihr im Vertrauen die Ursach' davon,
Als etwas Neues, worüber ein Santon aus
  der Wüste,
Trotz seiner Gravität, vor Lachen bersten
  müſste:

39.

So fühlte sich auch ihr Stolz, an seinem em-
pfindlichsten Ort
Beleidigt, stark genug, den Thoren zu ver-
achten,
Der fähig war, für eine *Begueule* zu schmach-
ten;
Und, ohne nur ein Abschiedswort
An ihren Undankbarn zu verschwenden,
Zog sie mit ihrem Gefolg' aus dieser Gegend
fort.
Wir lassen sie nun in Antiseladons Hän-
den,
Der seinen Ovid zu gut verstehen muſs,
Und viel zu erfahren ist, um ihren verliebten
Verdruſs
Für seinen Plan nicht klüglich anzuwenden.

40.

Am Abend desselben Tages, an dem sie das reit-
zende Thal
Und unsern Paladin, zu den Füſsen
Der häſslichsten Göttin, der je geopfert wurde,
verlieſsen,
Erblickten sie zum zweyten Mahl
Das nehmliche goldene Schloſs, von dessen
Schimmer betrogen
Sie etliche Tage zuvor im Nebel herum gezo-
gen,

Anstatt, wie damahls, vor ihnen zu fliehn,
Schien's ihnen itzt von selbst entgegen zu
kommen;
Sie kamen noch bey guter Zeit dahin,
Und wurden freundlich aufgenommen.

41.

Man sieht, es nähert sich alles dem großen
Augenblick,
Worin der Knoten entwickelt oder zerschnitten
Zu werden pflegt. Das Paar, das in den Schä-
ferhütten
Zurück blieb, abgezählt, sind alle Personen
vom Stück
Auf Einmahl in Einem Sahl an Einer Tafel bey-
sammen,
Und — schauen einander an, — Dank un-
serm Zauberstock!
Fünf schöne Prinzessen, die alle aus Bambo's
Lenden stammen,
Und (mit dem Neger) ein Hut auf jeden Unter-
rock. 5)
Die Zahl trifft überein; und doch, die Wahr-
heit zu sagen,
Nie sahen wir uns vom Ziele so weit als itzt
verschlagen.

———————

Anmerkungen.

---

1) Als hätte ihm — der Hurensohn Roland
u. s. w.

Diese heroische Wendung gab Don Quichotte (ver-
mittelst einer Anspielung auf die fünfte und sechste
Stanze im vier und zwanzigsten Gesange des *Orlando
Furioso*) seinem ersten kläglichen Abenteuer mit dem
handfesten Mauleseltreiber von Toledo, wie im siebenten Kapitel des ersten Theils seiner Geschichte zu lesen
ist. Sollte übrigens die Delikatesse unserer Leser durch
das Beywort, welches der Dichter aus dem Munde des
besagten Ritters dem grofsen Roland giebt, beleidiget
worden seyn : so dient zu einiger Entschuldigung desselben, dafs der Titel *fils de putain*, wenn dem Stall-
meister des Spiegelritters (dessen unterhaltende Ge-
spräche mit Sancho Pansa im dreyzehnten Kapitel
des dritten Theils vorgedachter Geschichte beschrieben
sind) zu glauben wäre, vielmehr eine Art von Lob als
einen beschimpfenden Vorwurf mit sich führte. Wenigstens hat es in Beziehung auf den grofsen Orlando
das Verdienst der Wahrheit; denn dieser wurde allgemein für einen natürlichen Sohn Karls des Grofsen gehalten.

2) wie Laurens Dichter sang,

oder doch gesungen haben könnte; denn dafs
Petrarka diefs wirklich von der Stimme seiner
geliebten Laura gesungen habe, können wir uns nicht
erinnern. Doch fanden wir, beym Nachschlagen, eine
Stelle, wovon unserm Dichter vielleicht eine ungetreue
Erinnerung vorgeschwebt haben mag:

Ed udi sospirando dir parole
Che farian gir i monti e star i fiumi.

Sonnetto 123.

3) Die Gabe, die Brunells Ring u. s. w.

nehmlich, die Gabe unsichtbar zu werden. S. *Orlando
Fur. C. III. 69.*

4) Das Ding das nicht ist.

Die berühmten *Huynhnhms*, deren (maschinenmäfsige
verdienstlose) Tugend Gulliver-Swift auf Unkos-
ten der menschlichen Natur so sehr erhebt, hatten in
ihrer Sprache kein Wort, um Unwahrheit oder Lüge
zu bezeichnen. Sie mufsten sich der Umschreibung
dazu bedienen: Du sagst das Ding das nicht ist,
wieherten sie dem armen Gulliver zu, wenn er etwas
gesagt hatte, das sie nicht begreifen konnten.

5) ein Hut auf jeden Unterrock.

„Zu Verständnifs dieses höchst abgeschmackten Verses
diene den jetzt lebenden und den Nachkommen, welchen er unter die Augen kommen mag, zu wissen: dafs
es zur Zeit, da dieses Gedicht vollendet wurde (1770)

in Franken, Thüringen und Sachsen, nicht etwa unter dem gemeinen Volke, sondern sogar unter Personen von den ersten Klassen gewöhnlich war, die
Mannsleute *Chapeaux*, Hüte, zu nennen. Wir
haben nie recht dahinter kommen können, wann und
wie eine so seltsame und dem männlichen Geschlechte
offenbar despektierliche Benennung zur Mode geworden; aber so viel ist gewiſs : wenn es anständig ist,
statt Mannsperson Hut zu sagen, so muſs es auch erlaubt seyn, statt des Worts Frauenzimmer oder Damen,
sich hinfür des noch karakteristischern Worts, U n t e r -
r ö c k e , zu bedienen. Man hat in diesem Vers einen
Versuch damit machen wollen, um zu sehen, ob er die
Ehre haben werde, entweder die H ü t e abzuschaffen
oder die U n t e r r ö c k e Mode zu machen.‟ — Das
letztere ist, wie leicht vorher zu sehen war, nicht
erfolgt: aber, was auch die Ursache davon seyn mag,
die ehemalige Synonymität der Wörter M a n n und
H u t ist unvermerkt verschwunden, und diese Anmer-
kung, welche ehemahls einen e l e n c h t i s c h e n
Zweck hatte, muſste bloſs beybehalten werden, um
obigen Vers der Nachwelt verständlich zu machen.

Wir können nicht umhin, bey dieser Gelegenheit überhaupt anzumerken, daſs noch verschiedenes in diesem
Gedichte vorkommt, das sich auf Moden, Gewohn-
heiten und Sitten bezieht, die im zweyten Drittel dieses Jahrhunderts noch ziemlich gemein in Deutschland
waren, seit funfzehn oder zwanzig Jahren aber nach
und nach so gänzlich verschwunden sind, daſs die dar-

auf anspielenden Stellen theils unverständlich geworden, theils wohl gar etwas Unfügliches zu haben
scheinen, das sie bey der ersten Erscheinung des Neuen
Amadis nicht hatten. Von jener Art kommt ein auffal-
lendes Beyspiel in der vierten Stanze des zweyten Ge-
sanges vor:

    — Ihr Götter! von Schrecken entseelt
Fliegt sie dem Puztisch zu. Was ist's? O Him-
        mel, das Siegel
Von ihrem Triumf, noch eine Musche fehlt!

Diese Stelle, die vor 25 Jahren noch Wahrheit hatte,
und wenigtsens noch allgemein verständlich war, hat
jetzt, da die Muschen oder Schminkpfläster-
chen, (deren kluger Gebrauch ehmahls einen beträcht-
lichen Artikel der praktischen Damen-Filosofie aus-
machte) wenigstens als offensive Waffen gänzlich
von den Putztischen verschwunden sind, für unsre
jungen Leserinnen einer Erklärung nöthig. — Von
der andern Art sind alle, im Neuen Amadis häufig vor-
kommende Züge und Wendungen, welche eine ehmah-
lige Mode, den Hals und die Brust zu bedecken oder
nicht zu bedecken, voraussetzen, die das völlige Gegentheil von der vestalenmäfsigen, und endlich bis zu
einem lächerlichen, ja sogar unanständigen Übermafs
getriebenen Einhüllung oder Einschanzung derselben war, welche seit ungefähr funfzehn Jahren in
ganz Europa zur herrschenden Mode geworden ist.
Hätte diese letztere vor zwanzig Jahren schon Statt
gefunden, so würden eine Menge Stellen in diesem
Gedichte eine ganz andere Wendung bekommen haben.

Indessen, da alle satirisch-komische Werke mehr
oder weniger dem Ungemach unterworfen sind, durch
die Zeit von der Frische ihrer Farben zu verlieren, so
würde eine Apologie für die Stellen, welche hier
gemeint sind, um so überflüssiger seyn, als es doch
wohl niemanden einfallen kann, einen satirischen
Dichter für die Unbeständigkeit der immer abwechseln-
den Gestalten, unter welchen die menschliche Thor-
heit immer eben dieselbe ist, verantwortlich machen
zu wollen.

ACHTZEHNTER GESANG.

1.

So wahr es ist, daſs Tugend, Verstand, und
andere Gaben
Des Geistes und Herzens, in einer schönen
Gestalt
Mehr Reitz und raschere Allgewalt
Auf alle Herzen, sogar der rauhesten Wilden,
haben,
Als ohne äuſsern Schmuck bloſs durch den
innern Gehalt:
So können wir doch getrost uns auf die Erfah-
rung beziehen,
Daſs, wenn ein häſsliches Mädchen es einmahl
so weit gebracht
Und sich durch geistige Schönheit, geheime
Sympathien,
Durch Witz und reitzenden Umgang und
unverwandtes Bemühen
Gefällig zu seyn, zur Dame von einem Herzen
gemacht;

2.

Daſs dann die Leidenschaft, worin wir für sie
glühen,
Das Stärkste ist, was man sich denken kann.
In diesem Falle befand sich der biedre Ritters-
mann
Prinz Amadis. Er fühlte, im ganzen Ernst,
für Olinden
Was seine Hoheit noch nie für ein weibliches
Wesen gefühlt,
Was schöne Seelen nur für schöne Seelen
empfinden,
Und was sie um so mehr für wahre Liebe hielt,
Da sie zu fromm, und vielleicht (aus ihr
bekannten Gründen)
Zu klug war, die niedrige Kunst Begierden zu
entzünden
Zu Hülfe zu nehmen, die Naso den häſslichen
Schönen empfiehlt;

5.

Die kleinen unmerklichen Kniffe, wobey die
schlaue Kokette
Nichts wagt und meist mit groſsem Vortheil
spielt.
Das kleinste Übersehn in ihrem Anzug hätte
Bey einem, der so gern nach jeder Blöſse
schielt
Die man ihm giebt, unendlich viel verändert.

Doch, so behutsam sie sich umwickelt und
    bebändert,
So sehr sie sich hütet, damit bey keiner Gele-
    genheit,
In keiner Lage noch Stellung, zu keiner Tages-
    zeit,
Dem immer lauernden Jüngling ein Ungefähr
    entdecke,
Daſs man sich wenigstens nicht aus Furcht vor
    ihm verstecke:

4.

Mit Einem Worte, so viele vergebliche Müh'
Das gute Mädchen sich macht, um seiner Fan-
    tasie
Die Flügel zu stutzen, diefs alles kann nicht
    hindern
Daſs alle die Züge, die Anfangs in ihrem
    Gesichte so schwer
Zu ertragen waren, sich stündlich in seinen
    Augen mindern.
Sie däucht schon am siebenten Tag ihm lange
    so häfslich nicht mehr;
Am achten entdeckt er Adel und stille Majestät
Auf ihrer Stirne, am neunten verborgene Cha-
    ritinnen
Um ihren Mund, wo eine der häfslichsten
    Finnen
Die je ein Gesicht verschimpfte, ihr gar zu
    niedlich steht.

5.

Kurz, wie sie von Tag zu Tage sich seiner
        Seele bemeistert,
Nimmt auch die Bezauberung zu, die seine
        Augen bindt,
Bis endlich, von inniger Liebe und heifsem
        Verlangen begeistert,
Er gar sein Ideal in ihrer Larve findt.
Unmöglich kann sie itzt länger die Wahrheit
        seiner Triebe
Nach allen Proben, worauf sie ihn gesetzt,
Bezweifeln, noch länger ihm bergen, wie sehr
        auch sie ihn schätzt.
Wie könnte sie seinem Flehen, und o! den
        Thränen der Liebe,
Die von den Wangen ihm rollen, noch länger
        widerstehn?
Wann durfte sie jemahls hoffen, sich so geliebt
        zu sehn?

6.

Ein schöner Abend war's, — sie hatten keine
        Zeugen
Als Liebesgötter, versteckt in Myrtenzweigen —
Da schworen sie sich, entzückt und unschulds-
        voll,
Im Antlitz des keuschen Monds, was — nie-
        mand schwören soll,

Sich ewig zu lieben wie jetzt; und morgen,
    beym Erwachen
Des Tages, morgen soll Hymen ein Paar aus
    ihnen machen!
Indessen ging es dort im Lager vom Agra-
    mant,
Wo Helden und Heldinnen sich wie lose Jungen
    balgten,
Ja, in dem bezauberten Schlosse, gewöhnlich
    Wirthshaus genannt,
Wo Prinzen und Eseltreiber um Mambrins
    Helm sich walkten,

7.

Kaum ärger zu, als in dem goldenen Schloſs,
Wo Tulpan (der Neger, von dem wir schon
    so vieles
Gesehn und gehört) die hohe Ehre genoſs,
Fünf Töchter Bambo's mit ihrem ganzen Troſs
Am Halse zu haben. Er hatte des albernen
    Spieles
Nun ziemlich satt; indessen war doch der
    Casus rar,
Fünf Närrinnen, und (ihn selbst mit einge-
    schlossen)
Fünf Gecken, alle zugleich von Amorn ange-
    schossen,
Beysammen zu sehn, und nicht ein einziges
    Paar,
Das mit sich selbst in Einverständniſs war!

8.

„Thoms liebet Mieken (so heifst's in einer
alten Ballade)
Allein sein Unstern will, dafs Mieke für
Heinzen glüht,
Für Heinzen, der all' sein Glück in Rösens
Augen sieht,
Wiewohl sie ihn ärger als Babels Drachen flieht,
Denn Thoms nur findet vor Röschens Augen
Gnade,
Nur Thoms, der, spröde für sie, an Miekens
Kette zieht. " ¹)
So ging's in Tulpans Burg, und keinem unter
allen
So schlimm als ihm; denn Er, dem jede gefiel,
Er hatte das Unglück allein, nicht Einer zu
gefallen:
Kurz, Asmodeus trieb in diesem Schlosse sein
Spiel. ²)

9.

Wahr ist's, Don Blömurant und seine Din-
donette
Betrugen am ersten Tage sich wie zwey Tau-
ben, gespannt
An Cypriens Wagen; allein, kaum war die
Sache bekannt,
So eiferten schon die Schwestern in die Wette

Ihr gutes Vernehmen zu stören; die schlaue
      Kolifischette,
Die Blonde der Blonden, ja Leoparde
      sogar,
Die noch vor wenig Tagen so unerbittlich war,
Nun alle zum Schaden der guten Schwester
      geschäftig,
Sie machten, zugleich, mit vereintem Sturm
      und Drang,
Von dreyen Seiten dem armen Wichte bang;

10.

So bang, daſs jede andre für ihn gezittert hätte:
Allein der frommen Dindonette
Fiel eher des Himmels Sturz als solch ein Arg-
      wohn ein.
Das Schlimmste dabey (denn Unglück kommt
      selten allein)
War, daſs auch Karamell wieder sich bey
      ihr einzuschmiegen
Sehr eifrig schien, wiewohl die sprudelnde
      Kolifischon
Und Schatulliöse die Keusche schier bey
      den Köpfen sich kriegen,
Sein Herz (als dessen Preis, seitdem die letzte
      davon
Den ganzen Werth erfuhr, um Cent pro Cent
      gestiegen)
Zu eignem Profit der andern abzulügen.

11.

„Und wie benahm sich denn Herr Karamell
    dabey?"
Er wollte nicht hören noch sehn, lag seiner
    schönen Runden
Den ganzen Tag auf dem Hals, und machte
    ganz offen und frey
Den *Cicisbeo* bey ihr. Ihr, die sich ein wenig
    gebunden
Mit Blömuranten glaubt, doch, ohne Zie-
    rerey,
Dem andern nicht weniger gut ist, und unge-
    fähr einerley,
Mehr oder minder, für beide seit ihrer
    Bekanntschaft empfunden,
Sind beide lästig, der eine mit seiner Schwär-
    merey,
Der andre mit seinem ewigen Klagen,
So daß sie oft Lust hat, beiden auf einmahl
    abzusagen.

12.

Dieß alles machte die Burg zu einem Aufent-
    halt,
Woraus, wiewohl er beständig von Lustgetüm-
    mel erschallt,
Sich jedermann wünscht, je bälder je lieber zu
    scheiden.
Der Neger selbst, des Spaßes, den er sich

Mit Bambo's Töchtern gemacht, so satt als —
ihr und ich,
Entschliefst sich, den Knoten der Posse auf
einmahl durchzuschneiden.
Wir gehn hier, spricht er zu ihnen, vor langer Weile zu Grund,
Es ist die höchste Zeit uns eine Veränd'rung zu
machen.
In diesem Augenblick thut ein junger Sylfe
mir kund,
Es gebe, nicht weit von hier, auf morgen was
zu lachen.

13.

Ein Paar, wie noch keines gewesen, beschwört
den ewigen Bund
Der Lieb' und Treu' in Hymens kleinem Tempel.
Nie sah man ein schrecklicher Warnungs-
Exempel
Von Amors Tyranney auf diesem Erdenrund:
Der Bräutigam jung und schön, die Braut die
häfslichste Kröte
Die je auf Leder gegangen, und doch der
Schwärmerey
Nichts gleich, wovon der Mensch für sie beses-
sen sey. —
„Gut, spricht Leoparde verächtlich, (wie-
wohl die plötzliche Röthe,
Die ihre Wangen umzog, dem Antiseladon
Nicht unbemerkt blieb) wir wissen etwas davon;

14.

Wir kennen, denk' ich, den Helden des
   Stückes,
Er nennt sich Amadis." — Wie? riefen aus
   Einem Ton
Die Schwestern, Amadis? — So ist die Reise
   schon
Beschlossen! Wir gehen alle, um Zeugen sei-
   nes Glückes
Und seines Geschmacks zu seyn. — Ah! wie-
   derhohlen sie oft,
Der Mann ist Amadis? Wer hätte so etwas
   gehofft?
Und ist sie wirklich so häfslich, die Dame der
   er fröhnet?
Fragt Schatulliöse, indem sie die Oberlippe
   sich beifst. —
Man spricht, erwiedert der Neger, sehr viel
   von ihrem — Geist,
Des übrigen wird von Freunden mit keinem
   Wort erwähnet.

15.

„Der arme Mensch! Er dau'rt mich bey allem
   dem;
An einen solchen Balg sich zu henken!"
Spricht Dindonette. — Du kennst ihn? —
   „Ihn kennen? das sollt' ich denken!

Ich kann ihn noch vor mir sehn. Er lag so
          angenehm
Auf seinem Sofa, da ich sein Küssen zurecht
          zu legen
Beschäftigt war." — Die seltne Naivität
Ermangelte nicht ein lautes Gelächter zu erregen;
Sie selbst lacht mit, bis ihr der Athem entgeht.
Allmählich bekennen die Schwestern einander
          was sie wissen,
Und thun es lachend, um nicht vor Ingrimm
          weinen zu müssen.

16.

Das muſs ich gestehen, es ist doch Schade,
          daſs sein Herz
Nicht länger rulieren soll, spricht Schwester
          Kolifischette;
Es ist ein wahrer Verlust, wenn solch ein Gut
          dem Kommerz
Entzogen wird. — So ging es in die Wette
Den ganzen Tag. Dieſs, sagten sie, freue sie
          nur,
Daſs Amadis ihrer Gunst sich wenig zu rüh-
          men hätte.
Auch war es unfehlbar Verzweiflung, was die-
          ser Kreatur
Ihn in die Arme gestürzt. Mit allem diesem
          Gespötte

Betrog doch keine die andre; man sah es gar
   zu klar,
Daſs Galle, nicht Frohsinn, die Quelle von
   ihren Scherzen war.

17.

Inzwischen beeiferten sich die königlichen
   Damen
Und ihrer Zofen dienstbare Schaar,
Durch ihren Putz dem seltsamen Hochzeitpaar
Auf morgen Gala zu machen, und alles auszu-
   kramen,
Womit sich jede zu blenden und zu bezaubern
   getraut.
Zwar ist's ein sehr kleiner Triumf, so eine häſs-
   liche Braut
Durch ihre Reitze auszustechen,
Doch desto gröſser die Lust an Amadis sich zu
   rächen:
Es wurde vor lauter Erwartung in dieser ganzen
   Nacht
Kein weibliches Aug' im Schlosse zugemacht.

18.

Der Morgen brach nun an, den, aus verschie-
   denen Gründen,
Die Töchter Bambo's und unsre Verliebten zu
   langsam finden.

Die ersten haben sich schon in einen halben
   Mond
Um Hymens Bild gestellt, und glänzen wie
   Karfunkel;
Noch nie sah Leoparde so majestätisch und
   dunkel,
Nie Kolifischette so schelmisch, nie Blaf-
   fardine so blond.
Und nun trat Amadis auch mit seiner geliebt-
   ten Olinden,
Wie Tag und Nacht, herein, von Lieb' und
   Vergnügen entzückt.
Die Schwestern hoffen, ihm werde, so wie er
   sie erblickt,
Die Farbe von den Wangen schwinden.

19.

Sie lachten laut genug; allein er sah sie nicht,
Er sah Olinden nur in Amors zaubrischem
   Licht,
Und hätte Cytheren selbst vor ihr nicht sehen
   können.
Ihr guten Schwestern, diefs sieht noch keinem
   Triumfe gleich!
Wie? Fünf Prinzessen nicht Einen Blick zu
   gönnen?
In Wahrheit, es war ein arger Streich;
Wer hätte so etwas im Fieber sich träumen
   lassen können?

Aus Rache hört man alle zugleich,
Indem die Verliebten den Kuſs der Treue sich
      geben,
Ein schallend Gelächter aus voller Brust erheben.

20.

Kurz während Lust! — Im zweyten Augen-
      blick
Hält ihnen ein plötzliches Wunder den Athem
      im Halse zurück.
Olinde ist aus dem Arme des glücklichen Rit-
      ters verschwunden,
Und Belladonna die Schöne, mit Hymens
      Rosen umwunden,
Füllt ihn statt ihrer und glänzt in ihrem bräut-
      lichen Staat.
Wie? rief in süſser Bestürzung der Paladin,
      und trat
Drey Schritte zurück, wo bist du, liebste
      Olinde?
Ich, rief sie, Geliebter, ich bin's! versöhnt ist
      das Schicksal, ich finde
In deinen Armen mich wieder. — Hier sprang
      der Neger geschwinde
Hervor und rief: Und ich bin's, der dieſs Wun-
      derwerk that!

21.

Denkt, was die Schwestern für große Augen
machten!
Sie standen, mit offnem Mund, wie kalte Sta-
tuen, da.
Doch, während sie sich nicht ohne die Hoff-
nung bedachten,
Daſs, was vor ihren Augen geschah,
Wohl nur ein Blendwerk sey, ersuchte T u l -
p a n die Damen
Und Herren allerseits um hochgeneigtes Gehör.
„Zu wissen allen und jeden, die hier zusam-
men kamen,
(So spricht er) alles dieſs ist nicht von unge-
fähr.
Olinde und Belladonna sind unter zweyerley
Nahmen
Nur Eine Person, und keine ist, was sie e i n s t
war, mehr.

22.

Wie dieses Wunder zugegangen,
Das kann sie euch selbst am besten erzählen;
genug,
Ihr seht, O l i n d e ist s c h ö n und B e l l a d o n n a
k l u g :
Was kann ein Biedermann mehr von seiner
Frau verlangen?

Der Ritter, aus Liebe, die er zu ihrer Seele
      trug,
Entschlossen, so häfslich sie war, sie mit zu
      Bette zu nehmen,
Wird über die Metamorfose sich, wie ich
      hoffe, nicht grämen;
Man thut nicht oft so einen Zug!
Er suchte ein Ideal, und sucht' es lange verge-
      bens;
Hier ist es! und macht es nicht die Wonne
      seines Lebens,

25.

So ist die Schuld nicht an mir, ich habe das
      Meine gethan!
Allein ihr übrigen Töchter von Bambo, meine
      Kinder,
Ich kann euch so einzeln nicht sehn. Auch ihr
      seyd mir nicht minder
An's Herz gewachsen als diese: was fang' ich
      mit euch nun an?
Ihr seht was hier geschah. Wie, wenn wir,
      dem guten Exempel
Der Neuvermählten zu Folge, uns auf der Stelle
      gleich
Entschlössen fünf Paare zu machen? Ihr wür-
      det mir und euch

Viel Müh' ersparen, und — Kurz, *Corbleu!*
aus diesem Tempel
Kommt keine mir ledig hinaus! Wir sind nun
einmahl da,
Was braucht es mehr als ein entschlofsnes Ja?

24.

Ein Mädchen wünscht sich, wie sehr es sich
ziert,
Stets einen Mann oder zwey, und Männer sollt
ihr haben!
Wohlan, Frau Leoparde, der ältesten
Schwester gebührt
Die Vorhand; wähle sie einen aus uns fünf
rüstigen Knaben!"
So spricht er, und schwingt bedenklich den
mächtigen Zauberstab,
Der ihm, nach Hobbes, das Recht so laut
zu sprechen gab.
Die Damen liefsen sich freylich nicht gern so
trotzig behandeln:
Allein was sollten sie thun? Der Schwarze mit
seinem Stab
Wies, wie man wufste, so leicht durch keine
Grimassen sich ab;
Er war der Mann dazu sie alle in Kröten zu
wandeln.

25.

„He! rief Herr Tulpan noch einmahl in sei-
        nem gebietenden Ton,
Ich dächte man könnte sich schneller zu einem
        von uns entschliefsen."
Nun denn, versetzt sie, so sey's — Prinz
        Antiseladon!
Und dankbar wirft sich der Prinz der neuen
        Diane zu Füfsen.
„Und ihr, Mifs Schatulliöse?" — Mit keu-
        scher Röthe reicht
Sie Karamellen die Hand, und hat das Mifsver-
        gnügen,
Dafs Karamell hinter ihr weg sich schleicht
Um seine nervige Hand in Kolifischettens
        zu fügen,
Die, weil ihr der Neger doch keine Bedenkzeit
        erlaubt,
Just nicht das schlechteste Loos gezogen zu
        haben glaubt.

26.

Beschämt und glühend vor Zorn, doch immer
        Meisterin
Von ihren Bewegungen, wankt die tugend-
        volle Vestalin
Mit ihrer kleinen Hand nach Blömuranten
        hin:

Der Himmel bewahre mich, denkt er, vor
     ' einer solchen Gemahlin!
Und ehe die kleine Hand ihn noch erreichen
     kann,
So faßt er Dindonetten vor Angst mit bei-
     den an.
Der Streich war arg! Allein die Schatulliösen
Sind nicht so leicht aus ihrer Fassung gebracht;
Sie hatte vermuthlich sich schon auf alle Fälle
     bedacht:
Aus ihrer behenden Art, die Frage aufzulösen —

27.

Ob Parasol oder Tulpan der Mann sey, —
     schloß man dieß
Nicht ohne Grund; denn, ohne sich viel zu
     bedenken,
Schien sie geneigt — dem Neger sich zu
     schenken,
Sie sah, dieß wenigstens ist gewiß,
Mit Augen ihn an — o könnt' ich sie mah-
     len! — mit Augen,
Die, unter den Wimpern hervor, das Mark
     aus den Beinen euch saugen.
Der Neger erschrak vor seinem Glück;
Er sah das Schicksal, das ihm in diesen Augen
     rollte,
Und, wie sie die schöne Hand ihm eben rei-
     chen wollte,
So that er einen Satz zurück,

28.

Nahm Blaffardinen beym Arm, und rief
    mit herrschender Miene:
„Ihr Damen und Herren! das Schicksal thut
    durch mich
Euch seinen Willen kund; es wählte für mich
    und dich,
Gevatter Parasol, und mein ist Blaffar-
    dine!
Ich soll die Folie seyn, die ihre Blondheit
    erhöht;
Sie hat noch einmahl so eine gute Miene
Und scheint noch zweymahl so blond, wenn
    sie zur Seite mir steht;
Sie wird sich hoffentlich jetzt nicht wieder,
    wie ehmahls, sträuben:
In wenig Jahren *a dato*, wenn alles richtig
    geht,
Soll eine kleine Armee Mulatten die Zeit ihr
    vertreiben!

29.

Mit Schatulliösen der Keuschen, die, wie
    ihr alle wißt,
Vom Fuß zum Wirbel Seele ist,
Kann, nach den Gesetzen der Schwere, sich
    nur ein Geist vermählen:
Herr Parasol ist ihr Mann! ein ganzer Pla-
    tonist,

Leicht wie ein Traum, und wenig verkör-
perter als die Seelen
Im Elysäerlande; sie kann
Sich mit Decenz sonst keinen als ihn erwählen.
Auf alle Fälle, Madam, wenn etwa dann und
wann
Sich etwas ereignen sollte, das man — nicht
vorsehn kann,
So steh' ich immer zu Dero Befehlen."

50.

Trompeten, Pauken und Zymbeln erfüllen itzt
die Luft
Mit Jubelgetön, und alles Volk spricht Amen!
Noch stehen, Hand in Hand, wie träumend,
die Herren und Damen:
Urplötzlich erfüllt ein dicker magischer Duft
Den Tempel, und wie er sich wieder zerstreut,
o Wunder! so sehen
Die Schwestern ihren Papa, den Sultan
lobesam,
Den Zepter in der Hand, leibhaftig vor sich
stehen.
Schach Bambo wußte so wenig, als alle die
ihn sehen,
Wie ihm bey dieser Reise geschehen,
Und wie er zu der Ehre kam.

31.

Er hatte, seit seine Töchter auf ihren langhalsigen Thieren

Die Welt durchzogen, von keiner Sorge
geplagt,

Gegessen, getrunken, gegähnt, geschlafen,
und — Fliegen gejagt,

Ganz unbekümmert, wie wohl oder übel sie
führen;

Und da er sich eher den Papst als sie zu sehen
versah,

Stand er auf einmahl in ihrer Mitte da.

Sie rissen sämmtlich, wie leicht zu erachten,

Die Augen mächtig auf. Allein der Neger läfst

Den Schach nicht lange im Wunder: er sagt
ihm, was sie da machten,

Und bittet um seinen Konsens zu seiner Töchter Fest.

32.

Ihr hohlt mich eben recht, spricht Bambo,
wie ich merke,

Zu zeigen, dafs man mich bey diesem löblichen
Werke

Sehr wohl entbehren konnte. Doch Basta!
Zum Hochzeitschmaus

Ist's immer noch früh genug! — Die Mädchen
gingen aus

Zu suchen was sie nicht hatten, und haben
     Männer gefunden.
Sie konnten allenfalls zu Haus
Das nehmliche finden. Indefs bleib' ich den
     Herren verbunden,
Die sich (hier lupft er ein wenig den Hut)
Mit solcher Waare beladen; ich gebe sie nicht
     für gut!
Doch hoffen wir, jeder Topf hat seinen Deckel
     gefunden.

Anmerkungen.

1) Thoms liebet Mieken, u. s. w.

Der Dichter hatte eine Schottische Ballade (aus
einer Sammlung Englischer und Schottischer Lieder
mit den dazu gehörigen Melodien) im Sinne, deren
Anfang lautet:

> *Tom lov's Mary passing well,*
> *But Mary she lov's Harry,*
> *Whilst Harry doats on bonny Bell*
> *And finds his love miscarry;*
> *Since bonny Bell for Thomas burns,*
> *Who coldly slights her passion, etc.*

2) Kurz, Asmodeus trieb u. s. w.

Denn, nach einer Entdeckung, welche *Le Sage*
seinen Don Kleofas machen läfst, ist der Amor,
den Dichter und Mahler in die Wette als den liebens-
würdigsten aller Götter schildern, und sein *Diable
boiteux*, Asmodeus oder Asmodi im Büchlein
Tobiä genannt, eine und eben dieselbe Person.

DER VERKLAGTE AMOR.

EIN GEDICHT

IN

FÜNF GESÄNGEN.

Vorbericht.

Die Idee dieses Gedichts, welches eben
sowohl als Musarion, (zu welchem
es als ein Gegenstück angesehen werden
kann) nicht leicht unter eine schon
bekannte Rubrik zu bringen ist, erschien dem Verfasser schon im Jahre
1771, und der kleinere Theil desselben
wurde an einigen Winterabenden des
besagten Jahres zu Papier gebracht. Wie
Musarion, hatte es das Schicksal, einige

Jahre bey Seite gelegt zu werden, bis es im Winter 1774 wieder hervor gesucht, vollendet, und im siebenten Stücke des T. Merkurs dieses Jahres zuerst bekannt gemacht wurde. Es war Anfangs in vier Bücher oder Gesänge abgetheilt: ˏman hat aber, um ein besseres Verhältnifs in Rücksicht der Gröfse zwischen den Gesängen zu bewirken, für gut gefunden, in dieser Ausgabe aus dem vierten Gesange zwey zu machen.

DER VERKLAGTE AMOR.

ERSTER GESANG.

V. 1 — 10.

Der grofse Tag war nun gekommen,
An dem im Götter-Parlament
In Sachen zwischen den Weisen und
Frommen
Als Klägern, an einem — und Amorn,
den man Kupido nennt,
Beklagtem, am andern Theil, gesprochen
werden sollte.
Die Götter versammelten sich, indem das hehre
Signal
Des grofsen Donnerers siebenmahl
Rings um die himmlische Burg durch heitre
Lüfte rollte.
Sie schritten heran, Neptun vom alten
Trözen,
Von Delos der schöne Apollo, und von den
Thracischen Höh'n

V. 11 — 27.

Der junge Bacchus, begleitet von Vater Silen
Auf seinem trägen Thier.   Die Jägerin Diane
Verliefs den waldigen Cynthus, und ihr geliebt-
          tes Athen
Minerva.   Nicht von ihrem lahmen Vul-
          kane
Geschleppt, von Mars im Triumfe geführt,
Schwamm auch Cythere daher in luftigem
          Morgengewande,
Nicht ohne List mit ihrem Gürtel geziert.
Die Götter von der fröhlichen Bande
Seh'n ihr mit Lüsternheit nach, und jeder nimmt
          sich vor
Wohlfeiler nicht für sie, als um den Preis, zu
          sprechen,
Um welchen Pallas und Juno den goldnen Apfel
          verlor:
Denn dafs sie die Richter für ihren Sohn zu
          bestechen
Gekommen sey, zischeln die Frauen einander
          laut ins Ohr.
Die Klugheit räth, bey zweifelhaften Sachen
Die Rhadamanten sich voraus geneigt zu
          machen;
Und wem ist unbekannt wie grofs in diesem
          Stück
Der Schönheit Vortheil ist? Sogar der Hip-
          piassen

V. 28 — 47.

Berüchtigte Kunst muſs ihr den Vorzug lassen;
Sie überzeugt mit einem einzigen Blick.
Man zeige mir vor seinem neunzigsten Jahre
Den Cato oder Catinat,
Bey dem (voraus gesetzt er leide nicht am
Staare)
Ein schöner Busen Unrecht hat!

Indessen sich nun im groſsen Sahle die
Götter
Und ihre Damen nach und nach
Versammelten, Venus die Männer bestach,
Und Hermes, der Höfling, und Momus,
der Spötter,
Der alten Vesta die Stimme versprach,
War's ziemlich laut im zweyten Vorgemach.

Die hohe Dienerschaft der Götter,
Der Adler Jupiters, und, stolz wie seine
Frau,
Der in sich selbst verliebte Pfau,
Cytherens Spatz, Minervens Eule,
Apollo's Schwan, und einer, der schon grau
In Mutterleibe war und den man just nicht
gerne
Vor zarten Ohren nennt, — wiewohl Freund
Tristram - Sterne
In diesem Punkt, dem Himmel sey's geklagt!

V. 48 — 65.

Und noch in manchem Punkt, nichts nach dem
　　　　Wohlstand fragt —
Kurz, und so züchtig als möglich gesagt,
Der E s e l Silens, verkürzten sich die Weile,
Die Welt, an der sie viel, sehr viel zu bessern
　　　　sehn,
In eine andre Form zu giefsen:
Denn s o, spricht Doktor K a u z, so kann's
　　　　nicht länger bestehn.
Nur lassen wir uns, um nicht am Ziel vorbey
　　　　zu schiefsen,
Die kleine Mühe nicht verdriefsen,
Bis auf den Grund des Grundes zu gehn.
Die L e u t e s i n d n i c h t k l u g, ist eine alte
　　　　Sage,
Und nicht der Weisen allein, auch selbst der
　　　　Thoren Klage;
Vom Spötter L u c i a n zu G e r h a r d Ger-
　　　　h a r d s s o h n,
Genannt E r a s m u s, ist alles voll davon.
Akademien und Lyceen
Erschallen davon, beweisen's zum Greifen und
　　　　zum Sehen,
In Duodez, in Quart, in Folio;
Man hört nichts anders. Gut, ihr Narren! ist
　　　　ihm so —
Und dafs ihm so ist, scheint vom Ganges bis
　　　　zum Po

V. 66 — 85.

(Um ohne Noth die Beweise nicht zu häufen)
Consensus gentium zu besteifen,
(Ein Argument, wovor nach *Markus Cicero*
Sich billig aller Respekt geziemet)
Nun gut, so sag' ich unverblümet:
Was hilft's den Narren, wenn einer den andern
     belacht,
Und keiner weder sich selbst noch andre wei-
     ser macht?
Zwar hör' ich diesen und jenen, der sein
     Arkan uns rühmet:
„Ihr Herrn, *probatum est!* Wer kauft mein
     Elixier?
Die Quintessenz der Weisheit aller Zeiten!
Es führt die Grillen ab, vertreibt die Übel-
     keiten,
Stärkt Kopf und Herz" — Sehr wohl! Wir
     wollen uns hier
Nicht um des Esels Schatten zanken:
Hilft dein Arkan, so ist dafür zu danken;
Nur zeig' uns, Wundermann, die erste Probe
     an dir!
Kurz — denn wir andern Denker pflegen
Auch unsre Worte, so leicht sie sind, zu
     wägen —
Die Welt ist voller Narren, darin stimmt jeder
     mir bey,

V. 84 — 100.

(Nur mit dem Vorbehalt sich selber auszu-
nehmen)
Doch, wie den Narren zu helfen sey?
Ist immer noch das schwerste von allen Pro-
blemen.
Mich kümmert es nichts; indessen sag' ich
frey,
Zevs thäte wohl Notiz davon zu nehmen.
Wär' ich an seinem Platz —
„An seinem Platze? fällt
Der Adler ihm ins Wort; ein blinder Re-
gent der Welt!
Da wäre sie, *ma Dia!* wohl bestellt! [1])
Doch, immerhin! Laſs sehn, an seinem
Platze
Was thätest du, Herr Kauz?" —
Man wähne nicht, ich schwatze
Ins Blaue hinein! ich stehe zu meinem Satze.
Der Grund des Übels ist: Die Leute den-
ken nicht;
Nicht, oder nicht genug, und selten
wo sie sollen:
Allein das Ärgste ist, auch wenn sie denken
wollen,
Verhindert sie an dieser groſsen Pflicht
Die Sinnlichkeit, besonders das Gesicht.
Um tief zu denken darf uns nichts von auſsen
stören,

V. 101 — 116.

Und was zerstreut so sehr als Licht?
Wie leicht wir Denker es entbehren,
Kann euch mein eignes Beyspiel lehren.
Zwey Sinne, oder drey aufs höchste, sind
genug
Zum Hausgebrauch; was soll das Auge dienen?
Was ist es als ein Quell von Irrthum und
Betrug?
Kurz, eure Leute sind blofs weil sie sehn
nicht klug;
Die Augen, wär' ich Zevs, die Augen nähm'
ich ihnen.

„Die Augen? zwitschert ihm Cytherens Vogel zu,
Und diefs um klüger zu seyn? Ich denke
nicht wie du!
Gesetzt, wir würden dabey für's Räsonnieren
gewinnen,
An Wohlseyn, glaube mir, Kauz, gewännen
wir nicht viel.
Wir Spatzen halten's mit den Sinnen,
Und gäben um alles andre nicht einen Pappen-
stiel.
Dank sey der Göttin, die uns von ihrem Nek-
tar zu naschen
Freygebig erlaubt! wir wenden das Daseyn
besser an

V. 117 — 134.

Als Grillen in hohlen Ästen zu haschen.
Wir leben ohne Zweck und Plan
In stolzer Freyheit von allen andern Ge-
        setzen
Als, was uns lüstert zu thun. Ist's wohl oder
        übel gethan
In andrer Augen, das ficht uns wenig an.
Was kümmert's uns, wenn wir uns nur
        ergetzen,
Ob unser Zetergesang dem Hausherrn wohl
        gefällt
Von dessen Dache wir in Besitz uns setzen,
Und wer das Feld für uns bestellt
Worin wir die Schnäbel an jungen Erbsen
        wetzen?
Kurz, unsre geringste Sorge ist, ob wir Pflich-
        ten verletzen,
Und unser ist dafür die Welt!
Willst du, Freund Kauz, defswegen uns Nar-
        ren schelten,
So lachen wir dazu; uns ist's Filosofie!
Die Worte, wie du weifst, sind alles was sie
        gelten.
Nur, dafs wir zu Narren uns denken, dazu
        bekehrst du uns nie!
Mehr sag' ich nicht. — Was hältst Du von
        der Sache,
Herr Nachbar mit dem langen Ohr?"

V. 135 — 151.

Ich? (gähnt das träge Thier und reckt die
    Ohren empor)
Nicht dafs ich besser mich als andre Leute
    mache,
Doch grofsen Dank dem, der mich Esel wer-
    den hiefs!
Ich möchte nichts anders seyn, wenn man
    mich wählen liefs'.
Ich denke — nichts, und finde, dafs nichts
    denken
Ein trefflich Mittel ist — sich über nichts
    zu kränken.
Ich trage meinen Herrn und seinen Schlauch
    dazu,
Und käue meine Disteln in Epikurischer Ruh';
Giebt's Feigen oder Makaronen, 2)
Nun, desto besser! Wo nicht, so gilt mir's
    einerley;
Ihm nachzusinnen mag sich nicht der Mühe
    verlohnen:
Ununtersucht glaub' ich, das Beste sey
Was vor mir liegt, und bis zur Schwärmerey
Hat weder Liebe noch Hafs kein Esel je
    getrieben.
Doch, wer mir nachgesagt, ich sey
Ein Narr gewesen und zwischen zwey glei-
    chen Bündeln Heu
Mit offnem Maul unschlüssig stehn geblieben, 3)

V. 152 — 172.

Mag seyn er ist zum Doktor übrig - klug,
Allein, zum Esel hat er nicht Verstand genug!
Daſs wir die Kunst der Musen lieben
Ist kein Verdienst vielleicht bey einem sol-
     chen Ohr;
Und ziehn wir Mozarts Schwierigkeiten
Und Schweizers Gesange den schnarrenden
     Dudelsack vor, 4)
So wird es uns gewiſs kein Weiser übel deuten.
Wohl dem, der sich um einen kleinen Preis
Am Schlechten selbst zu laben weiſs!
Seyd nur, wie wir, nicht allzu zart im
     Wählen,
So kann es euch nie an Vergnügen fehlen —
Dieſs *in Parenthesi!* weil ich *de gustibus*
Mit niemand hadern will. — Und also, um
     zum Schluſs
Zu kommen, meint' ich unmaſsgeblich,
Kreirte Zevs die ganze Menschenschaar
Zu meines gleichen, Paar und Paar,
Der Schade wäre unerheblich,
Und für die gröſsre Zahl der Vortheil sonnen-
     klar.

  „Vortrefflich! ruft der Vogel, der die
     Keile
Des Götterkönigs trägt; den Esel lob' ich mir!
Es lebe das naive Thier!

V. 173 — 191.

Was der verbuhlte Spatz und die gelehrte
Eule
Nur zu verstehen gab, sagt Langohr rund
heraus.
Ich hörte in Zenons Halle einst einen Bocks-
bart schwatzen,
Und, in der That, es kam auf Eins hinaus.
Beym Donner! eine Welt von lauter Eulen,
Spatzen,
Und Eseln müfst' ein feines Weltchen seyn!
Mir leuchtet die Erfindung ein;
Noch heute soll dem Oberherrn der Erden
Beym Schlafengehn Bericht erstattet werden:
Wer weifs wozu er sich entschliefst
Wenn unsre liebe Frau bey guter Laune
ist.
So viel ist ausgemacht, er würde
Der Weltregierung lästige Bürde,
Die jetzt ihm oft die Galle schwellt,
Sich selbst dadurch unendlich leichter ma-
chen.
Was würde bey dieser neuen Organisierung
der Welt
Nur blofs an Blitzen erspart? Und uns im
Sternenfeld
Was blieb' uns zu thun, als Schmausen und
Tanzen und Lachen?
Der Esel lebe hoch, und seine beste Welt!"

V. 192 — 206.

Indessen dafs man hier so stark filoso-
            fierte,
Safs Junons Pfau auf einem Polster da,
Dem gröfsten Spiegel des Sahls gegen über,
            und amüsierte
Sich mit dem Bilde, das ihm daraus entgegen
            sah.
Apollo's Schwan, erzogen unter den
            Musen,
Und zärtlicher als der beste, der je am Stry-
            mon sang,
Lag schmeichelnd ihm zu Füfsen, und
            schlang
Den langen buhl'rischen Hals hinauf an sei-
            nem Busen.
Er hatte von Leda's Schwan die Stellung
            abgesehn.
O Schönste, lispelt er ihm mit schmachtendem
            Flötengetön,
(Zum Zeichen wie weit der Taumel bey Dich-
            tern gehen könne,
Verwandelt der Schwärmer den Pfau in eine
            Pfauenhenne 5)
Die Welt, o Schönste, die Welt mag meinet-
            halben gehn
So gut sie kann; Projekte bessern selten,
Und wirklich find' ich nicht sehr viel an ihr
            zu schelten;

V. 207 — 223.

Sie scheint zur Rosenzeit, zumahl bey Mon-
denlicht,
Mit allem dem so übel nicht;
Und sie für mich zur besten aller Wel-
ten
Zu machen, möcht' ich mir von Zevs nur Eins
erflehn,
Nur dich, o Schönste, dich ewig aus eben so
vielen Augen,
Als man in deinem Rade bewundert, anzu-
sehn,
Und ewig den süfsesten Tod aus deinen Blicken
zu saugen.
Sehr neu, ich mufs es selbst gestehn,
Ist der Gedanke nicht; doch wollten Sie ver-
gönnen,
Sie sollten gleich ein kleines Beyspiel
sehn,
Welch einen frischen Glanz wir ihm ertheilen
können.
Mir sind, zumahl für ein S o n n e t,
Die abgetragensten Ideen
Die liebsten: aber, sie zu drehen,
Zu drehn, Madam, zu drehn — o diese Kunst
versteht
Nicht jeder kaiserlich belorberte Poet!
Geruhn Sie —

V. 223 — 228.

Nein, Herr Schwan! Und wäre dein
Sonnet
Auf einer Drechselbank gedreht,
Und düftete lauter Zimmt und Amber
Wie Mühlpfort oder Lohenstein,
Wir müssen fort! Man winkt uns, aus der Anti-
schamber
Zur Audienz im Götterrath, hinein.

———————————

Varianten.

Da man bey Vergleichung dieses Gedichts, so wie es hier erscheint, mit der neuesten Ausgabe desselben im ersten Theile der Auserlesenen Gedichte (1789) hauptsächlich im ersten Gesange beträchtliche Änderungen finden wird, so wird es dem Leser nicht entgegen seyn, diejenigen Stellen, wo die Änderung von einiger Bedeutung ist und mehr den Sinn der Rede oder die Sache selbst, als Sprache, Versifikazion und einzelne Ausdrücke oder Wendungen betrifft, so wie sie in der Ausgabe von 1789 stehen, hier zu finden, um desto bequemer urtheilen zu können, ob und was sie durch die Umarbeitung gewonnen haben.

V. 111—132. (S. 141 der Ausgabe von 1789.)

Wiewohl es Zeiten giebt, wo ich mit Einem Sinne
Ganz wohl zufrieden bin. Doch, Doktor, ob die Welt
Bey deinem Rath so viel gewinne,
Das lassen wir dahin gestellt.

Der ist beglückt, der sich für glücklich hält,
Narr oder nicht ist keine Sache!
Wenn mich ein Traum entzückt, verdient der
        meinen Dank
Durch den ich meinem Traum entwache?
Die Narrheit ist ein wahrer Nektartrank,
Du willst dafür mit Wasser uns beschenken.
O glaube mir, viel Denken macht nur krank,
Die Leute sind nicht klug weil sie zu Narr'n
        sich d e n k e n.
Von diesem Übermaſs sind meines gleichen weit.
Mein Wahlspruch ist, die kurze Frühlingszeit
In Rosen süſs vorbey zu scherzen.
Kein Kummer naht sich meinem leichten
        Herzen,
Ich denke nur was mich ergetzt, ich bin
Gern was ich bin, und die Natur zu meistern
Steigt meines gleichen nie zu Sinn,
Wir lassen dieses Amt euch andern groſsen
        Geistern,
Zehrt ihr euch selbst in einem hohlen Baum
Mit Staunen ab! Uns schlüpft des Lebens
        Traum
In Freuden hin, wozu wir nur Empfindung
        brauchen,
In Freuden, worin wir gern die trunkne Seele
        verhauchen.
Sind andre Leute nicht klug, so büſsen sie
        dafür!

Die Thoren! Haben sie nicht Gefühl sowohl
    als wir?
Indessen sollte Zevs um meinen Rath mich
    fragen,
So würd' ich ihm in aller Demuth sagen:
Nimm, grofser Zevs, dem armen Mittelding
Von Sperling und von Gott die Macht sich
    selbst zu plagen;
Gieb ihm den leichten Sinn vom bunten Schmet-
    terling;
Gieb ihm noch eins, dem armen Mittelding!
Ich hört' einst einen ihrer Weisen *)
Nicht ohne stillen Neid den Maulwurf glück-
    lich preisen:
Gieb ihm warum der Mann den Maulwurf
    glücklich pries,
So bleibt dein Ohr verschont von seinen Klagen,
So hört er auf sich selbst und alle Wesen zu
    plagen,
Und seinem Plato nachzusagen
Dafs ihn dein Zorn in diese Welt verwies. u. s. w.

V. 137 — 165.

Doch Jupitern sey Dank, der mich zum Esel
    schuf!
Ich, meinem inneren Beruf

*) *Büffon*, Allg. Gesch. der Natur IV. Theil, im
   Artikel Maulwurf.

Gehorsam, denke nie, und finde, nichts zu
       denken
Sey gar ein gut Recept sich über nichts zu
       kränken.
Ich trage meinen Herrn und seinen Schlauch
       dazu,
Und fresse meine Disteln in sorgenloser Ruh';
Giebt's Feigen oder Makaronen
Zu schmausen, gut! Wo nicht, so gilt mir's
       einerley,
Ihm nachzusinnen mag der Müh' sich nicht ver-
       lohnen;
Ununtersucht glaub' ich, das Beste sey
Was vor mir liegt, und bis zur Schwärmerey
Hat, daſs ich wüſste, nie kein Thier von mei-
       nem Range
Geliebet noch gehaſst. Mein Ohr ist leidlich
       lange,
Doch zieh' ich Leier und Schallmey
Herrn Haydens Symfonie und Ritter Glucks
       Gesange
Unendlich vor; wiewohl *de Gustibus*
Wer Friede liebt mit niemand zanken muſs.
       u. s. f.

Anmerkungen.

1) S. 210. v. 91. *Ma Dia!*

Eine den alten Griechen gewöhnliche Betheurung, beym Jupiter! — die sich für den Vogel Jupiters besonders zu schicken schien.

2) S. 213. v. 143. Giebt's Feigen oder Makaronen —

Die Makaronen beziehen sich auf eine Stelle im siebenten Theile des Tristram Shandy, und die Feigen auf das Mährchen von einem Feigen essenden Esel, über den der Stoische Filosof Chrysippus, der ihn bey diesem ungewöhnlichen Schmaus ertappte, sich zu Tode gelacht haben soll. Das nehmliche wurde auch dem Komödien-Dichter Filemon nachgesagt.

3) S. 213. v. 150. und zwischen zwey Bündeln Heu u. s. w.

Johann Buridan, ein subtiler Scholastiker von der Sekte der Nominalisten, im vierzehnten Jahrhundert, dessen zu seiner Zeit viel geltende Kommentarien über

den Aristoteles längst vergessen sind, hat seine Unsterb-
lichkeit einem, unter dem Nahmen der Esel Buri-
dans, berühmten Sofisma zu danken, oder vielmehr
der Celebrität, die ihm Merlinus Coccajus (Theo-
filo Folengo) in seiner Macaronea durch seinen
Spott, und Bayle, Spinoza, Leibnitz u. a. durch
ernsthafte Beantwortung desselben gegeben haben.
Wenn, sagt Buridan, ein hungriger Esel sich gleich
weit zwischen zwey vollkommen gleichen Bündeln Heu
oder Grasplätzen befände: was könnte er thun? Da
kein objektiver Beweggrund vorhanden ist, warum
er den einen dem andern vorziehen sollte, und der
subjektive (sein Hunger) ihn gleich stark zu beiden zieht: so muſs er entweder in diesem fatalen
Gleichgewichte Hungers sterben — welches wenigstens alle Esel in der Welt eben so ungereimt finden
werden als der Esel Silens — oder er muſs, ohne
Beweggrund, aus freyem Willen sich zum einen oder
zum andern entschlieſsen können, welches, nach den
Scholastikern, ein Vorrecht der vernünftigen Wesen
ist, das keinem Esel zukommen kann. Leibnitz gesteht ohne Bedenken, wenn der vorausgesetzte Fall
Statt fände, müſste der Esel wirklich Hungers sterben;
er behauptet aber, dieser Fall sey nach dem ordentli-
chen Laufe der Natur gar nicht möglich; — wiewohl
er, aus Achtung für die Theologen seiner Zeit (die
nicht ganz so geschmeidig waren wie die unsrigen)
hinzu setzt; es wäre denn, daſs unser Herr Gott es
schlechterdings so veranstalten wollte. Aber auch in
diesem Falle würde sich, glaube ich, jeder Esel noch

zu helfen wissen: denn er würde sich ohne Zweifel
vor Hunger oder Ungeduld so lange herum wälzen,
bis er dem einen Heuhaufen näher wäre als dem
andern.

4) S. 213. v. 157. S c h w e i z e r s Gesange
etc. —

Die launenhafte Göttin T y c h e , welche nicht gewohnt ist, „G l ü c k u n d V e r d i e n s t g e g e n e i n -
a n d e r g l e i c h z u w ä g e n ,“ hat dem hier genannten grofsen Musik-Künstler den Platz, der ihm, neben
den J o m e l l i ' s , S a c c h i n i ' s , G u l i e l m i ' s , S a r -
t i ' s und ihres gleichen, unter den dramatischen Kom-
ponisten gebührt, in der M e i n u n g d e r W e l t (die
ihn wenig kennt und in welcher er nie empor kommen konnte) nicht zu Theil werden lassen. Aber
gewifs wird niemand, der die von ihm in Musik
gesetzten Singspiele, E l y s i u m , (von J. G. J a c o b i)
A l c e s t e , und R o s e m u n d e , besonders das letztere,
kennt, oder ehmahls zu Mannheim aufführen gehört
hat, es unserm Dichter verdenken, dafs er seinem
verewigten Freunde bey dieser Gelegenheit eine
Gerechtigkeit erweist, die nichts dadurch verliert,
dafs sie aus dem naiven Mund eines so unbefangenen
Wesens kommt als S i l e n s E s e l , zumahl da dieser
hier als Repräsentant vieler anderer spricht, die sich,
wiewohl mit kürzern Ohren, in einerley Falle mit
ihm befinden.

5) S. 216. v. 205, 4. Zum Zeichen, wie
weit u. s. w.

Diese beiden Verse, die in den ältern Ausgaben
fehlen, schienen, zu Beschönigung der Ungereimt-
heit, den Dichter - Schwan eine so ekstatische Rolle
bey Junons Pfauen spielen zu lassen, unumgänglich
nöthig zu seyn.

ZWEYTER GESANG.

V. 1 — 13.

Nach Standes - Gebühr, geliebte Brüder, Vet-
    tern
Und Söhne, auch Schwestern, Basen und Töch-
    ter lobesam,
(So sprach itzt Z e v s vom Thron zu den ringsum
    stehenden Göttern)
Ich war zu jeder Zeit Prozessen herzlich gram
Und nie ein Gott von vielen Worten:
Um also kurz zu seyn, so ist euch allen kund,
Wie lange schon M i n e r v a u n d K o n s o r t e n
Mit Klagen gegen den S o h n d e r F r a u v o n
    A m a t h u n t
Olymp und Erde betäuben.   Er macht es wirk-
    lich so bunt
Und täglich laufen von allen Enden und Orten
So viel Beschwerden bey uns ein,
Daſs unser Richteramt uns wehret
Ihm länger nachzusehn. Beklagter, dem der
    Schein

V. 14 — 33.

Vorhin nicht günstig war, erschweret
Durch Trotzen noch die aufgehäufte Schuld;
Sein Übermuth zerreifst die Dämme der Geduld.
Was hielt ihn ab sich vor Gericht zu stellen?
Ihr wisset was in solchen Fällen
Sonst Rechtens ist.   Jedoch, der ganzen Welt
(Die es theils ohne Scheu, theils heimlich mit
          ihm hält)   .
Zu zeigen, dafs wir ihn nicht ungehört ver-
          dammen,
Ermangelten wir nicht den Vater Sanchez
          dort
Ihm *ex officio* zum Anwalt zu bestellen.

     Papa, fiel Venus hier dem Donnerer ins
          Wort,
Den Anwalt will ich mir im Nahmen meines
          Knaben
Aus Gründen sehr verbeten haben.

     „Warum, mein Kind? Wenn ich nicht
          irrig bin
Sind Naso selbst und Peter Aretin
In deinen Angelegenheiten
Nur arme Laien gegen ihn.“

     Ich war, erwiedert sie, den tief gelehrten
          Leuten
Von seiner Gattung niemahls gut, [1])
Und fühl' in mir, auch ohne Doktorhut

V. 34 — 50.

Für meinen Sohn im Fall der Noth zu streiten,
Beruf und Fähigkeit und Muth.

„Gut, gut, mein Töchterchen, gut! Um
uns nicht aufzuhalten,
Thut was ihr wollt!" — Er spricht's, und
winkt dem Alten,
Der einem Ägipan an Bart und Miene glich,
Zum Sahl hinaus. — Und nun erhoben sich
Hier Pallas, Hymen dort, als Sprecher
an der Spitze
Der Klägerschaft, von ihrem Polstersitze;
Minerven folgt Aurora und Dian'
Und neben Hymen hinkt der gute Mann
Vulkan.
Frau PALLAS räuspert sich, wirft ihren
Schleier zurücke,
Macht einen tiefen Knicks, und fängt zu
reden an;
Nur Schade, daſs man das, was ihre sprechen-
den Blicke,
Was Augenbraunen und Arm und Hand dabey
gethan,
Das ist, gerade das Beste, 2) nicht übersetzen
kann.

„Wir sehen uns, Vater Zevs und ihr
Unsterblichen alle,
Indem wir hier vor euch als Amors Kläger stehn,

V. 51 — 69.

Im aufserordentlichsten Falle
Worin sich Kläger je gesehn.
Es fällt uns schwer uns selbst zu überzeugen
Dafs unsre Klage möglich sey;
Wir stehn verwirrt und möchten lieber schwei-
                                        gen.
Doch, schwiegen wir, so weckt uns das
                                Geschrey
Der Erde, des Olymps, für die gemeine Sache:
Wir dulden zu lange schon, und fodern end-
                                lich Rache!
Und gegen Wen? Ist's glaublich? Kann es
                                seyn?
Kaum glauben wir's dem Augenschein;
Und welche Meinung wird die Nachwelt von
                                uns haben?
Die Harmonie der Dinge wird gestört,
Die Tugend ausgezischt, der Götterstand entehrt,
Die ganze Schöpfung umgekehrt,
Und alles diefs von wem? — von Wem? —
                        Von einem Knaben,
Der, blofs damit kein Unfug unverübt
Von ihm gelassen sey, für einen Gott sich
                                giebt,
Wiewohl Cythere selbst zu ihm sich zu be-
                                kennen
Erröthet, — wenigstens, aus einem Rest von
                                Scham,

V. 70 — 88.

Indem sie ihm erlaubt sich ihren Sohn zu
nennen,
Uns nie gestand woher sie ihn bekam.
Und Er? was darf nicht Amor sich erfrechen?
Er prahlt noch mit der Dunkelheit
Die seinen Ursprung deckt! Die Nacht, hört
man ihn sprechen,
Hat lange vor der Götterzeit,
Als alles Chaos war, mich ersten Gott
geboren.
Und denket nicht er prahl' in diesem Ton
Aus Unverstand bey Kindern nur und Thoren:
Der schlaue Bube zieht davon
Den Vortheil, unter dem Nahmen des himm-
lischen Amors, in Seelen
Von befsrer Art sich heimlich einzustehlen;
In Seelen, denen er als Afroditens Sohn
Nicht nahe kommen darf. Um diese zu berücken
Entkörpert sich der Schalk und spielt den
reinen Geist,
Spricht Metafysik, schwatzt von himmlischem
Entzücken,
Von einer Liebe, die sich mit blofsem Anschau'n
speist,
Von Flammen, worin sich alle Begierden ver-
zehren,
Und wie die Seelen, durch ihn, aus ihrem
Raupenstand

V. 89 — 106.

Zu Schmetterlingen entwickelt, ins un-
        sichtbare Land,
Das sie geboren, wiederkehren.
Der Heuchler! Macht er nicht Dianens Nym-
        fen weifs,
Es bleibe, wenn sein Geist nach ihrem Busen
        schiele
Und sich zum Urbild der Busen empor gezo-
        gen fühle,
Sein Blut dabey so kalt wie Alpeneis?
Ist gleich die Schlinge zu sichtbar — ein klu-
        ges Mädchen zu fangen,
So bleibt doch zuweilen daran ein blödes
        Gimpelchen hangen.
    „Doch, dieses alles ist, wiewohl bereits
        zu viel,
Mit dem was uns zur Klage zwinget
Verglichen, blofses Kinderspiel.
Wo ist ein Platz im Himmel und auf Erden,
Den Amors Frevel nicht entweiht?
Wo ist der Sterbliche, wo der Gott, der nicht
        Beschwerden
Zu führen hat? Ihr alle wifst, wie weit
Sein Muthwill' es sogar mit unserm Stande
        getrieben,
Und wie die Unschuld selbst nicht sicher vor
        ihm geblieben.
Gesetzt auch sie verwahre sich

V. 107 — 125.

Vor seinem Pfeil, was kann vor seiner Natter-
zunge
Sie schützen? Ach! ihr unsichtbarer Stich
Dringt selbst durch m e i n e n Schild! Wie pflegt
der wilde Junge
Beym Faunenfest, wenn auf der M ä n a s
Schoofs
Der Wein ihn schwärmen macht, uns andern
mitzuspielen?
Ihm ist, sein Müthchen abzukühlen,
H e s t i a nicht zu fromm und J u n o nicht zu
grofs. 5)
Hofft nicht durch Weisheit ihn zur Ehrfurcht
zu vermögen!
Seyd ohne Tadel, seyd L a t o n e n s T o c h t e r
gleich,
Wenn alles fehlt, so weifs er euch
Endymions S c h l a f zur Last zu legen.
Doch, diesen Muthwill' könnte man
Auf Rechnung seines Alters schreiben;
Und da sein Witz uns doch nicht treffen kann,
So möcht' er immerhin, um minder schädlich
zu bleiben,
Mit Lästern sich die Zeit vertreiben:
Allein den Unfug auszustehn
Den sein Gewerb' in unsrer Herrschaft stiftet,
Und was wir Gutes thun stets ohne Frucht zu
sehn,

V. 126 — 145.

So lang' er ungestraft die Sittenlehre vergiftet;
So lang' er singen darf: „ein Becher und ein
Kufs
Könn' einen Sterblichen froher, und, nach
Gestalt der Sachen,
Selbst besser als er war und zehnmahl klüger
machen
Als alle Filosofien der Weisen in *es* und *us*,"
Was dünkt euch, selige Götter, von solchen
Sittensprüchen?
Kein Wunder, dafs er längst damit
Die Monarchie der Welt erschlichen!
Ein Lehrbegriff von diesem Schnitt
Wird nie an Schülern Mangel haben:
Den jungen Dirnen, und den Knaben,
Um deren Kinn die erste Wolle spielt,
Scheint nichts so gründlich. — „O, man fühlt,
Man fühlt ja, rufen sie, die Wahrheit seiner
Lehren!"
Nun sagt mir, werden sie der Weisheit Stimme
hören
Wo Amor solche Schulen hält?
Wollt ihr die Früchte sehn? Schaut nieder auf
die Welt
Die I h r regieren sollt und seht sie von Cythe-
ren
Und ihrem Söhnchen so bestellt
Als ob wir andern nichts als Figuranten wären.

V. 146 — 167.

Wer präsidiert im Rath und im Gericht?
Wer hat die Gnaden auszuspenden?
Ich und Asträa wahrlich nicht!
Kupido wälzt mit seinen Kinderhänden
Den Erdenball, sein Spiel; das Glück
Von einem ganzen Volk entscheidet
Durch Seinen Einfluß oft der Blick
Von einer Pompadour: sie winkt den Hel-
            den zurück,
Und ihr Adonis wird in einen Mars verkleidet,
Der, trotz Homers Achill, ein Fest
Besorgen kann und sich, wie Paris, jagen
            läßt.
Verwundern wir uns noch, wenn wir den Zep-
            ter sehen,
Der unterm Mond die Herrschaft führt,
Daß alle Dinge dort so widersinnisch gehen?
Mich wundert nicht daß er schlecht, nur
            daß er nicht schlechter regiert.
Das Restchen von Weisheit, das noch aus jener
            guten alten
Saturnuszeit sich bis hieher erhalten,
Wiewohl schon längst der Geist davon
Verflogen ist, erweist noch seine Tugend.
Doch selbst den kleinen Rest von jener gold-
            nen Jugend
Der ersten Welt mißgönnt Cytherens Sohn
Dem Erdenvolk. Sein Thorenreich zu gründen

V. 168 — 186.

Soll jede Spur der Sittlichkeit
Und Unschuld aus der Welt verschwinden.
Fortunens Freunde haben sich
Zu diesem grofsen Werk vorlängst mit ihm
                    verschworen.
Die Musen, zu meinen Gespielen geboren,
Die Musen selbst entehren sich und mich
Seitdem sie Amorn zum Führer erkoren.
Und ach! die Weisen sogar, die Weisen haben
                    verloren
Was ihren Orden sonst den Thoren
Verhafst und fürchterlich gemacht.
Der Ernst ist lächerlich, der von den Pytha-
                    goren
Das Zeichen war. Itzt trinkt man, scherzt
                    und lacht
Und salbt sein Haar und kränzt mit Rosen die
                    Scheitel,
Ruft mit Diogenes, der Menschen Thun ist
                    eitel,
Und nennt sich Filosof, und wird dafür erkannt.
Was soll ich sagen, nachdem der Fürst der
                    sieben Weisen,
Ein Mann, der fähig war bis in das Wunder-
                    land,
Wo Isis thront, der Weisheit nachzureisen,
Ein S o l o n selbst, Lyäen und Amorn anzu-
                    preisen,

V. 187 — 203.

Und, was noch schlimmer ist, in seinem sieb-
        zigsten Jahr
Ihr Priester zu seyn, noch nicht zu weise
        war! 4)
Und wie? den Mann, den Delfi für den
        besten
Der Griechen erklärte, den Mann, der meinem
        Athen
Den hohen Plato erzog, bey wenig ehrbaren
        Festen
Zum Lehrer, muſs ich es gestehn?
Von einer Tänzerin herab gesetzt zu sehn, 5)
Sprecht, wie gefällt euch diefs? Und doch sind's
        Kleinigkeiten;
Sein Liebling Xenofon macht uns noch mehr
        bekannt:
Er läſst ihn gar zu einer Dirne schreiten
Die als Modell für junge Künstler stand.
Ein Knabe hatte sie unsäglich schön ge-
        nannt:
Gut, spricht der weise Mann, so werden wir,
        zu wissen
Wie schön sie ist, die Augen brauchen
        müssen.
Der Griechen Lehrer geht, die Jünger hinter-
        drein,
An hellem Tag bey einer Lais ein,
(Ein andrer, fällt der Spötter Momus ein,

V. 204 — 217.

Ein andrer wäre bey Nacht zum mindsten ein-
              gegangen)
Und, für die Augenlust nicht undankbar zu
              seyn,
Was, meint ihr, lehrt er sie? — Die Weis-
              heit, Herzen zu fangen. 6)

„Nun, große Götter, sprecht, ist's nicht
              die höchste Zeit
Dem Fortgang dieser Pest zu steuern?
Der Unfug geht, beym Styx! zu weit;
Was wird der Ausgang seyn, wenn wir noch
              länger feiern?
Verbannet Amorn, schließt ihn ein,
Der Hain zu Amathunt mag sein Gefängniß
              seyn;
Dort laßt ihn was er will mit seinen Chari-
              tinnen
Und Nymfen und Zefyretten und Amorinen
              beginnen!
Ist nur um seinen Rosenhain
Ein Zauberkreis, der ihm den Ausgang wehrt,
              gezogen,
Kann er nur nicht heraus und niemand zu
              ihm ein,

V. 218 — 224.

So spiel' er wie er will mit seinem goldnen
Bogen,

Und singe bis zum Überdruſs

Von Kuſs und Wein, von Wein und Kuſs,

Regiere Löwen oder Schwanen

Mit seinem Rosenzaum, und plappre von
Dianen

Und Pallas was ihm wohl gefällt;

Nur, Götter, nur befreyt von ihm die Welt."

Anmerkungen.

1) S. 228. v. 31, 32. den tief gelehrten Leuten von seiner Gattung —

Mangel an Einsichten in die Geheimnisse der *Venus
Volgivaga* war es gewiſs nicht, was die Liebes-
göttin gegen den ehrwürdigen Pater Thomas Sanchez, S. J. einzuwenden hatte, dessen berüchtigtes
Buch *de Matrimonio*, nach dem Urtheile des berühmten Abts von St. Cyran, ein Werk von unendlicher
Gelehrsamkeit in denjenigen Wissenschaften und Kün-
sten ist, welche unter Asmodi's unmittelbarem Ein-
fluſs stehen, und in welchen unwissend zu seyn rühm-
lich und nützlich ist. Vermuthlich rührt also der Wi-
derwille Cytherens gegen ihn bloſs daher, weil die
Göttin der Liebe nicht die Göttin der Leichtfer-
tigkeit ist. Ein Sachwalter wie Doktor Sanchez
würde Amors Sache nur verschlimmert haben; und der
Erfolg zeigt, daſs dieser sein Interesse am besten verstand, da er sich mit seinen Gegnern in gar keine
Rechtfertigung einlassen wollte.

2) S. 229. v. 48. gerade das Beste —

Wenigstens nach dem Urtheile des Demosthenes,
der auf die Frage, was in der Redekunst das erste sey,
antwortete: Die Akzion ist das erste, das andere,
und das dritte. *Cicero de Oratore* III. 56.

3) S. 233. v. 113. Hestia nicht zu fromm —

Anspielung auf eine Anekdote, welche *Ovidius* im
sechsten Buche seines Festkalenders, v. 331 f. erzählt,
und deren noch etwas deutlicher zu erwähnen, Momus im dritten Gesange sich die Freyheit nimmt.

4) S. 236. v. 186 - 88. Ein Solon selbst —

Dieser berühmte Gesetzgeber der Athener vertrieb
sich die Zeit noch in seinem hohen Alter mit Verse-
machen. Plutarch führt unter andern folgendes
Distichon von ihm an, auf welches Minerva hier
anzuspielen scheint:

Εργα δε Κυπρογενους μοι Φιλα και Διονυσου,
Και Μουσων, ἁ τιθησ᾽ ανδρασιν ευφροσυνας.

Wiewohl man diese Verse in ihrem Zusammenhange
mit den vorgehenden müfste lesen können, um ihren
Sinn ohne Gefahr eines Mifsverstandes ganz bestimmt
angeben zu können: so erhellt doch immer so viel daraus, dafs die runde Erklärung: „dafs er noch immer
Lust und Liebe zu den Werken (oder Gaben) der
Cyprischen Göttin und des Bacchus habe,"
Minerven einen hinlänglichen Vorwand zu geben
scheint, seine Weisheit wenigstens denjenigen verdächtig zu machen, welche nicht so glücklich sind,
in Solons damahligem Alter ein gleiches von sich rühmen zu können.

5) S. 237. v. 193.

S. Xenofons Gastmahl, wo diese Anekdote um-
ständlich erzählt wird.

6) S. 238. v. 206.

S. Xenofons Denkwürdigkeiten des Sokra-
tes III. 13. Daſs Minerva auch des weisesten Mannes,
den ihr geliebtes Athen je hervorgebracht, nicht verschont, soll den Richtern vermuthlich eine desto
gröſsere Meinung von der Gerechtigkeit ihrer Sache
geben: indessen wäre es leichter, den guten Sokrates
gegen diese beiden Anschuldungen, als die redselige
Göttin gegen den Vorwurf der Schikane zu vertheidigen.

DRITTER GESANG.

V. 1 — 11.

MINERVA schwieg, und mit verschämten
Wangen
Trat HYMEN itzt hervor. Die Wahrheit zu
gestehn,
Sein Aufzug gab kein mächtiges Verlangen
Aus Amors Sold in seinen Dienst zu gehn.
An Schönheit fehlt' es ihm nicht, wiewohl sie
etwas vergangen
Und abgetragen schien: hingegen fehlt' ihm
sehr
Der Talisman, womit uns Amors Schwestern
fangen.
Matt ist sein blaues Aug' und ohne Anmuth
hangen
Die Locken ihm um Stirn und Nacken her.
Er hätte (Vesta selbst bemerkt es heimlich
gegen
Cybelen) ohne Furcht zu viel darin zu thun,

V. 12 — 31.

Vor seinem, Spiegel sich ein wenig säumen
mögen.
Doch im Vorbeygehn diefs! denn nun
Ist's um die Sache selbst, nicht um die Form
zu thun.
Vielleicht war's List, die schönen Richterinnen
Beym ersten Anblick zu gewinnen —
Zur Liebe freylich nicht: allein
Er will auch nicht geliebt, bedau'rt nur will
er seyn;
Und wirklich nur ein Herz von Stein
War fähig, ihm so wenig zu versagen.

„Ihr Götter, fängt er stockend an,
Nach einer Pallas noch vor euch zu reden wagen
Ist kühn: allein, was Amor mir gethan
Und täglich thut, ist länger nicht zu tragen,
Und spornte wohl zu lauten Klagen,
Beym Herkules! selbst einen Stummen an.
Ihr wifst, dafs Themis, kurz eh' sie der Welt
enteilte,
Noch zwischen ihm und mir das Reich der
Liebe theilte.
Er, sprach sie, (weil sein Blick, der lauter
Unschuld log,
Die Herzenskennerin betrog)
„Er, sprach sie, soll es auf sich nehmen

V. 32 — 51.

Den jugendlichen Trotz des Mädchens zu
bezähmen,
Das, stolz auf seinen Reitz, in wilder Fröh-
lichkeit
Der Liebe lacht und Hymens Bande scheut:
Und ihrem Seladon, dem seine Schüchternheit
Mehr Schaden thut als ihre Sprödigkeit,
Ihm geb' er Muth sich freyer auszudrücken,
Und seinem Ton Musik, und Feuer seinen
Blicken.
Er zwinge s i e mit sanfter Übermacht
Ihr fühlend Herz vergebens zu verhehlen.
Doch hüt' er sich, auch wenn die schönste
Nacht
Verzeihlicher der Sinnen Irrthum macht,
In Hymens Grenzen sich verräth'risch einzu-
stehlen!
Er soll in einer jungen Brust
Den sanft sich sträubenden verschämten Wunsch
entfalten,
In Hymens Arm die unbekannte Lust
Des Mutternahmens zu erhalten.
Ein Kuſs, zum Pfand von ihrem Liebesbund,
Mag ihm verwilligt seyn, nur niemahls auf
den Mund:
Was weiter geht, das bleibt, nach unsrer Alten
Wohllöblichem Gebrauch, dem Hymen vorbe-
halten."

V. 52 — 74.

„So, Götter, sollten wir, in aller Ehrbarkeit
Und Eintracht, unser Amt verwalten;
Und thäte Amor nicht, o welche goldne Zeit!
Doch sehet selbst — der Sache Kundbarkeit
Kommt leider! meiner Scham zu Statten! —
Was mir der Schalk für Abbruch thut;
Wozu er, wenn sein Pfeil das jugendliche Blut
Zu Feuer macht, in kupplerische Schatten,
Da wo die Rose verliebt sich um die Myrte
                    schränkt,
Die junge Unschuld lockt, die an nichts Böses
                    denkt;
Mit welchem grausamen Vergnügen,
Wenn sie der Arglist sich am wenigsten versieht,
Er über ihr sein Garn zusammen zieht;
Wie er, die Wachsamkeit der Klügern zu
                    betrügen,
Sich stellt als liefs' er sich besiegen,
Und jeden warnenden Verdacht
Einschläfert oder gar zu seinem Freunde macht;
Wie oft er seine Masken tauschet,
Und wie geduldig der Schalk die Schäferstund'
                    erlauschet;
Mit welchem Fleifs (nach mehr als Tausend
                    Einer Nacht,
Worin der schlaue Gast Bemerkungen gemacht
Die ihm zu schlechtem Ruhm gereichen)
Er die Verführungskunst in ein System gebracht,

V. 75 — 98.

Dem wenige an Gewifsheit gleichen;
Und wie es nun — ihr Schönen wifst
Ich übertreibe nicht — beynah' unmöglich ist
Dem Tausendkünstler auszuweichen!
O Unschuld, holde Schüchternheit,
Und süfse Scham, Beschützerin der Tugend,
Wo seyd ihr hingeflohn, seit Amor unsre Jugend
Belehrte, dafs ihr Blödigkeit
Und Vorurtheil und blofse Larven seyd!
Seit dieser Zeit, ich schwör' es bey den Flüssen
Des furchtbar'n Styx! hat Hymen nichts zu
                              thun,
Als, gleich dem Gott des Schlafs, auf seinem
                              Pfühl zu ruhn:
Kupido lehrt die jungen Nymfen küssen,
Und lehret sie so gut, dafs mir
Nichts, das sie nicht schon besser wissen,
Zu lehren übrig ist.   Und nun verwundern wir
Uns noch, wenn Weiber — wie wir sehen,
Aus Töchtern dieser Art entstehen?
Wenn Messalinen und Poppeen —
Verzeiht, Göttinnen, mir; allein, mein Herz
                              ist voll,
Und meinen Schmerz hat noch kein Gott
                              gefühlet!
Dafs ich, wenn Amor mich bestiehlet,
Ihm noch dazu die Fackel halten soll,
Gesteht, das ist zu viel für einen Gott von Ehre!

V. 99 — 117.

Auch sag' ich's öffentlich, wofern mir nicht in
Zeit
Genug geschieht, und volle Sicherheit
Für's Künftige gegeben wird, so kehre
Ich meine Fackel um, und lösche sie, und bin
Nicht Hymen mehr! Sey Hymen meinet-
wegen
Wer Schultern hat, die diefs ertragen mögen!
In eine Gruft des rauhsten Apennin
Will ich zurück mich ziehn, und ein Gelübde
schwören —
(Beym ersten Tritt von einem Mädchenfufs
Den er im Schnee erblickt, ganz sachte umzu-
kehren,
Spricht Bacchus laut genug dafs man ihn
hören mufs)
Und, sag' ich, ein Gelübde schwören,
Der Weiber und des Weins auf ewig zu ent-
behren!"

Das ist ein grausamer Entschlufs,
Erwiedert lachend Bromius;
Das heifs' ich Amors Schuld an deinem Leibe
rächen! —
Sey unbesorgt, versetzt der Gott von Lamp-
sakus,
Ich weifs wie man ihn fangen mufs;
Er soll mir bald aus anderm Tone sprechen!

V. 118 — 158.

Der Gott der Ehen schwieg, und unverse-
hens trat
Der Spötter Momus auf [1]) und bat
Um günstiges Gehör. „Ihr Götter und Göt-
tinnen,
So fing er an, ihr wifst, mir liegt
Daran sehr wenig, wer in dieser Fehde siegt;
Ich werde nichts dabey verlieren noch gewin-
nen.
Ich bin dem Hymen gut, ich bin auch Amorn
gut;
Sie geben beide mir zu lachen,
Und frisches Blut *vel quasi* [2]) uns zu machen
Ist keine Panacee, die befsre Wirkung thut.
Kurz, wider oder für, am Ende bin ich immer
Freund der Person, der Sache Feind,
Und selbst mein Spott ist herzlich gut gemeint.
Ich sehe, dafs das Frauenzimmer,
Das gegen Amorn hier mit Hymen sich vereint,
Aus Sittsamkeit nicht alles sagen wollte,
Und Schwager Hymen hat, vor Eifer wie es
scheint,
Das Beste, was er sagen sollte,
Vergessen. Oder ist's vielleicht nicht ahndens-
werth
Wie mit uns Göttern selbst der kleine Schalk
verfährt?
Ich sage nicht wer Leda's Schwan gewesen,

V. 139 — 157.

Nicht wer Alkmenen Eine Nacht
Drey Sommertage lang gemacht;
Die Dichter geben uns nur zu viel davon zu
lesen,
Und unser Ruhm gewinnt nicht sehr dabey:
Indessen gilt der Vorwurf freylich — allen.
Die Hand aufs Herz und ohne Gleisnerey!
Wer unter uns ist nie in Amors Netz gefallen?
Wird nicht der Vesta selbst ein Buhler vorge-
rückt,
Den weder Frau noch Jungfrau gern gestehet? 3)
Daſs just Silens Grauschimmel drein gekrähet,
War sehr viel Glück für sie: allein es glückt
Nicht immer so; und hätt' er nicht gekrähet,
Wer sagt uns, hätte man den Buhler fortge-
schickt?
So spricht die böse Welt! Man hat nicht immer
Zeugen
Von seinem Widerstand, und eine einzige
Nacht
Hat groſse Tugenden schon um ihren Ruf
gebracht.
Man darf Selenen nur von ihrem Wagen
steigen
Und sich dem schlummernden Endymion
nähern sehn,
Sie darf aus Neugier nur auf ihn herab sich
beugen,

V. 158 — 177.

So ist es schon um sie geschehn,
Sie hat nichts mehr im Wahn der Leute zu
verlieren;
Und sollte gar ihr Mund den seinigen berühren,
So nennt, verlafst euch drauf, die Welt es
einen Kufs;
Und weh' ihr dann, wenn ein Ovidius
Den Einfall kriegt das Mährchen zu brodieren!
Wir wissen insgesammt wie weise Pallas ist;
Und dennoch zischelt man von einem feinen
Knaben
(Mit Drachenfüfschen zwar) den sie aus einem
Zwist
Mit Mulcibern soll aufgelesen haben; 4)
Man spricht nicht gerne laut davon.
Sie wand sich, sagt man, los, — und doch
fiel Erichthon
Nicht aus dem Mond herab. Sein Daseyn macht
die Sache
Nicht besser. Hatte, wie sie spricht,
Das kleine Mittelding von Feuergott und Drache
Kein näher Recht an ihre Mutterpflicht,
Was trieb sie an, in ihrem eignen Tempel
Den Fündling zu erziehn? Man flieht doch
gern den Schein,
Und mag an den verhafsten Stempel,
Defs Bild der Unhold trägt, nicht gern erinnert
seyn.

V. 178 — 196.

Doch freylich lehrt ein neueres Exempel
Der Götterkönigin, daſs gegen Amors List
Die strengste Sprödigkeit noch unzulänglich ist.
„Sie sollte sich mit Ganymeden,
Der so verhaſst ihr ist, vergehn?"
Gut! wenn uns nicht die Danaen und Leden
Zur Rache reitzten! — Zwar hat niemand
                          zugesehn
Und Iris schweigt, allein die Wände
           reden. 5)
Des Himmels Kronik ist ein wenig ärgerlich;
Genug davon! Doch, daſs die Damen mich
Nicht etwa für parteyisch halten,
Wer weiſs die Kurzweil nicht, die Amor täg-
           lich sich
Mit unsern Herren macht? die komischen
                          Gestalten
In die er, wann und wo und wie es ihm
                          gefällt,
Uns übersetzt? wie klein von uns die Welt
Um seinetwillen denkt, und, wenn sie uns
                          verachtet,
Wie Recht sie hat? — Der Kriegsgott,
                     spricht man, ist
Der Gott nicht mehr, der Krieg für Lustspiel
           achtet,
Der Hunger, Durst und Schmerz als Kleinig-
           keit betrachtet,

V. 197 — 218.

Und dem, wenn ja sein Aug' auf eine Stunde
    sich schliefst,
Der harte Grund ein Schwanenlager ist:
Ein Weichling, der an Venus Busen schmachtet,
Ein Attys ist er, ein Bathyll,
Bey Grazien und bey Liebesgöttern
Entwöhnet von den Donnerwettern
Der wilden Schlacht, gepflegt auf Rosenblät-
    tern;
Und rafft er auch einmahl sich auf und will
Seyn was er war in Hektors Heldentagen,
So fühlt er bald die Sennen ihm versagen.
Apollo selbst, der Gott der hohen Schwär-
    merey,
Die jene schönen Thaten zeuget
Auf deren Stufen man zum Sitz der Götter
    steiget,
Ist nicht Apollo mehr. Die Zeiten sind vorbey,
Da sein Geschäfte war, die Wilden
Am Rhodope zu Menschen umzubilden,
Da Löwen sich, wenn seine Leier klang,
Entzückt zu seinen Füfsen schmiegten,
Da Steine, wie beseelt von seinem Zauber-
    gesang,
Sich tanzend in einander fügten,
Und durch der Dichtkunst süfsen Zwang
Deukalions Stamm aus Wäldern sich ent-
    fernte,

Gesellig ward und Götter ehren lernte.
Entgöttert schleicht im Hain, am Rosenbach,
Der Musengott den Schäferinnen nach,
Der von den Sfären sang, besingt itzt junge
　　　　　　　　Busen,
Singt von des Kusses Wunderkraft,
Und, ihrem Führer gleich, berauschen seine
　　　　　　　　Musen
Mit Amorn sich in süfsem Traubensaft.

　　„So könnt' ich, liebe Herrn und Brüder,
Das ganze Götterkor durchgehn:
Allein es möchte leicht Satiren ähnlich sehn,
Und diese waren mir, ihr wifst es, stets
　　　　　　　　zuwider.
Ich bin fürwahr kein Rigorist;
Indessen geb' ich zu bedenken,
Ob Amors Lust zu losen Ränken
Des Übels einzige Quelle ist.
Es wäre viel davon zu sprechen;
Doch Schweigen hat, wie Reden, seine Zeit.
Des Rangen Ungebundenheit
Bleibt allemahl ein Polizeygebrechen.
Man mufs ihm Einhalt thun. Nur, wie? ist
　　　　　　　　überhaupt
Wo man verbessern will, zumahl in Sachen
Von dieser Häklichkeit, viel schwerer als man
　　　　　　　　glaubt.

V. 241 — 266.

Man kann so bald aus übel ärger machen!
Bedenket also wohl, ihr Herren, was ihr thut!
Ein Schluss ist freylich leicht zu fassen,
Zumahl um Tafelzeit: allein, sich reuen lassen
Was man gethan, steht Göttern gar nicht gut."

So sprach der Patriarch der Spötter,
Der im Besitze war die andern sel'gen Götter
Und all' ihr Thun zu tadeln und zu schmähn;
Und weil es leichter war, ihn seitwärts anzusehn
Und stumm zu seyn, als ihn zu widerlegen:
So thaten auch die Damen, die es traf,
Was sie in solchen Fällen pflegen.
Die eine stellte sich als könnte sie dem Schlaf
Nicht widerstehn und schloss die Augenlieder;
Unachtsam gafft die andre hin und wieder,
Spielt mit den Fingerchen an ihrer schönen
                    Hand,
Bespiegelt sich, berichtiget ein Band
An ihrem Latz, und flüstert Kleinigkeiten
Der Nachbarin in's Ohr, als ob sie viel bedeuten;
Die Fächer rauschen auf und zu,
Kurz, keine thut als ob sie Ohren habe.
Uns scheint diess nicht der Damen kleinste Gabe,
Wir wünschen ihnen Glück dazu.
Auch Vater Zevs läfst, ohne sich zu rühren,
Die Danaen sich zu Gemüthe führen,
Und Mars, so lang' der Panegyrikus

V. 267 — 284.

Ihm um die Ohren saust, scherzt achtlos mit
Auroren,
Fragt, ob ihr Alter noch die Schlafsucht nicht
verloren,
Und trägt sich an zu ihrem Cefalus.

Der Musengott allein — man weiſs
wie leicht die Galle
Den Dichtern schwillt — fährt zürnend auf
und kräht
Als ob die Nymfenwuth ihn plötzlich überfalle.
„Wie, ruft er, wenn vielleicht ein Reimer sich
vergeht,
Die Leier zwingt dem Liebesgott zu fröhnen,
Mit Pafos den Parnaſs vertauscht,
Und statt der klaren Hippokrenen
In Wein von Beaune sich berauscht,
Soll es der Musen Kor, soll Föbus es ent‑
gelten?
Bekenn' ich mich zu jedem Dichterling?
Und soll man mich für Amors Sünden schelten?
Wohl weislich spricht Äsop: das schlimmste
Ding
In dieser besten Welt sey eines Narren
Zunge —“

Halt! lieber Sohn, ruft Zevs vom Thron
ihm zu,
Besänftige dich, und schone deiner Lunge!

V. 285 — 295.

Man kennt den Momus ja! Sey ruhig, gold-
      ner Junge!
Ey! bringt so wenig schon dich um die See-
      lenruh'?
Bemerkst du nicht, wie unsre frommen Damen
Des Spötters Neckerey'n so ruhig auf sich
      nahmen?
Ich selber, wie du siehst, ich thu'
Als fühlt' ich nichts, wenn er von hinten zu
Mir eins versetzt. Mit Leuten seines gleichen
Giebt sich kein Kluger ab: man sucht ihm
      auszuweichen,
Und kommt er dennoch uns mit seiner Prit-
      sche bey,
Was hilft ein knabenhaft Geschrey?
Das Klügste ist, sich schweigend wegzuschlei-
      chen.

Anmerkungen.

1) S. 249. v. 119. Der Spötter Momus —
Daſs Momus hier ungefähr eben dieselbe Rolle spielt,
wie in Lucians Götterversammlung und im
Jupiter Tragödus, braucht für Leser, die mit
diesem Schriftsteller nicht unbekannt sind, kaum
erinnert zu werden.

2) S. 249. v. 126. frisches Blut *vel quasi* —
Anspielung auf eine Stelle in Cicero's Dialogen *de
Natura Deorum*, die wir im Neuen Amadis schon
angeführt haben.

3) S. 250. v. 147. Priapus.
S. die Anm. 3. zum zweyten Gesange.

4) S. 251. v. 167. Mit Mulcibern soll
aufgelesen haben.
Die Rede ist von dem drachenfüſsigen Erichtho-
nius, der sein Daseyn einem ziemlich seltsamen
Paroxysmus zu danken hatte, der den guten Vulkan
überfiel, als Minerva einst allein in seine Werkstätte
kam, um sich neue Waffen bey ihm zu bestellen —
eine Anekdote, die man in Benjamin Hederichs
Mytholog. Lexikon in einem Ton und Styl, die vermuthlich einzig in ihrer Art sind, erzählt finden kann.

5) S. 252. v. 185. allein die Wände reden —

Dieser Ausfall des Momus auf den Ruhm der Götterkönigin bezieht sich auf die komische Erzählung
Juno und Ganymed, und würde, da die Lauter-
keit dieser Quelle mehr als verdächtig ist, in dem
Munde eines jeden andern als des Momus nicht zu
entschuldigen seyn, da sich in der alten Mythologie
nichts findet, was den Urheber derselben von dem
Vorwurfe, diese Göttin verleumdet zu haben, frey
sprechen könnte.

VIERTER GESANG.

Diè Götter schickten nun, bey wohl verschlofs-
    nen Thüren,
Mit hohem Ernst sich an, in Sachen zu
    votieren;
Als ein Getös' im Vorgemach
Das weitere Verfahren unterbrach.
Kaum lauscht man stutzend nach dem Orte
Woher es kommt, so knarrt die goldne Pforte,
Die Flügel rauschen auf, und siehe! Paar an
    Paar
Schleicht leis' und schneckenhaft ganz Pafos
    und Cythere
Zum Sahl hinein: der Scherze leichte Schaar
Mit düsterm Blick und ungebundnem Haar;
Die Grazien, in lange Trauerflöre
Wie Klageweiber eingehüllt,
Drey echte heilige Nituschen;

V. 14 — 31.

Die Liebesgötterchen, vermummt in Ska-
ramuschen;
Der ganze Zug ein wahres Bild
Des Lustspiels wo man — weint. Die ern-
sten Oberalten
Des Himmels hatten Mühe, die richterlichen
Falten
Auf ihrer Stirn in Ordnung zu erhalten.
Was wird daraus noch werden? dachten sie;
Vermuthlich hofft der Schalk, der selber zu
erscheinen
Sich nicht getraut, durch dieses Possenspiel
Die Strafe von sich abzuleinen.
Allein sie schossen weit vom Ziel.
Denn während dafs zu beiden Seiten
Die Karawan' im Sahl sich auszubreiten
Beschäftigt war, wer, meint ihr, schlofs den
Zug?
Kein Wunder wenn das Herz den guten Göt-
tern schlug.
KUPIDO war es selbst, und o! so ganz
Kupido
Als weder Rafael noch Guido,
Wiewohl des Gottes voll, ihn jemahls dar-
gestellt;
So schön, dafs Vater Zevs für Ganymed ihn
hält,

V. 32 — 50.

Daſs Junons groſses Aug' noch eins so feurig
    spielet,
Und Mutter Cybele, indem sie seufzend sich
Erinnerte, wie sehr ihm Attys glich,
Zum zweyten Mahl des Lieblings Wunde
    fühlet;
So schön, so zart, so voll von ewiger Jugend-
    kraft,
Daſs Mulciber in seine Vaterschaft
Mehr Zweifel setzt als je, die Stirne sich
    befühlet,
Und grimmig bald nach Mars, bald nach dem
    Weingott schielet.
So, Amor, schwebtest du daher,
Und deinen Feinden sank der Muth beym
    ersten Blicke.
Selbst Hymen spürt schon keine Galle mehr,
Und schmiegt verwirrt sich an Vulkan zu-
    rücke.
Minerva nur blieb unerschüttert stehn,
Und machte Miene, ihr Lied von vornen anzu-
    fangen;
Allein Zevs läſst es nicht geschehn,
Und nimmt das Wort, indeſs mit feuerrothen
    Wangen
Und halb gesenktem Augenlied,
Wie einer, der sich überwiesen sieht,
Der Liebesgott sich vor dem Throne bücket.

V. 51 — 68.

Dem Nymfchen gleich, das seine Fruchtbarkeit
Zum Protokoll laut zu gestehn sich scheut,
Allein, vom Augenschein gedrücket,
Ein schüchtern Mittelding von Weib und Mäd-
  chen, steht
Und, unserm Blick den Umstand zu ent-
  wenden,
Der das verrätherische Blut
Ihr in die Wangen pumpt, mit ihren beiden
  Händen,
Was Venus zu Florenz mit Einem Händchen,
  thut:
So stand der lose Gast, den Heuchlerblick zur
  Erde
Geheftet, da, mit züchtiger Geberde,
Als Vater Zevs beginnt: Mein trauter Enkel-
  sohn,
Es thut mir leid, allein sehr grofse Klagen
Sind gegen dich den Göttern vorgetragen.
Komm, hurtig! — denn die Tafel ruft uns
  schon —
Was hast du uns zur Gegenwehr zu sagen?
Bring's in beliebter Kürze vor!

  „Nichts, leider nichts! erwiedert Cy-
   pripor:
Auch komm' ich nicht, mit losen Redner-
  streichen

V. 69 — 83.

Ein mildes Urtheil zu erschleichen.
Nur allzu wahr ist was die Schmähsucht
        spricht;
Und wollt' ich läugnen, spränge nicht
Aus euern Augen mir die Wahrheit ins
        Gesicht?
Ja, ich bekenn' und läugne nicht:
Das ärgste, was Ovid uns angedichtet,
Ist ärger nicht als was wir angerichtet
Ich und mein Hofgesind. Wem ist es unbekannt?
Gestohlen ward durch uns aus Pelops schönem
        Land
Der Leda Schwanenkind; wir hetzten am Ska-
        mander
Um nichts und wieder nichts die Helden an
        einander;
Wir steckten Ilion in Brand;
Wir trugen Holz zu Dido's Scheiterhaufen;
Wo Fürsten sich mit Bürgerhaaren raufen,
Wo ein Eroberer in durchgeschwärmter Nacht
Die schönste Königsstadt zum zweyten Troja
        macht
Um einen Kuſs von Thais zu erkaufen;
Mit Einem Wort, wo eine Büberey
Verübt wird, seyd gewiſs, da sind auch wir
        dabey.
Durch wen, als uns, ward — jemand einst
        zum Farren?

V. 89 — 111.

Zum Bock? zum Schwan? zu allem was ihr
						wollt?
Und wird nicht um der Minne Sold
Der Weise täglich noch zum Narren?
Was braucht es Klagen und Verhör?
Hier steh' ich, Götter, und bekenne,
Bekenne was man mich beschuldigt, und noch
						mehr:
Verdien' ich noch dafs man mich störrig nenne?
Allein, wie Pallas weislich sprach,
Der Sünde folgt die Strafe billig nach.
Verbannet will die weise Frau mich sehen;
Verbannen will ich mich, ihr Wille soll
						geschehen!
Ich selbst — ersparet euch die Müh'
Ein Urtheil über mich zu sprechen —
Ich selbst will euch an Amorn rächen.
Kommt, meine Grazien, kommt, wir gehn;
Sie wollen's so! kommt, gute Knaben!
Die sollen scharfe Augen haben
Die hier uns jemahls wiedersehn!"

	Kaum ist das letzte Wort dem schönen
					Mund entfallen,
So hebt Cytherens lose Schaar
Sich in die Luft; die Trauermäntel fallen,
In schönen Locken fliefst der Charitinnen Haar,
Und um die runden Hüften wallen

V. 112 — 134.

Gewänder, Rosen gleich in angestrahltem
Thau.
Sie ziehn in lieblichem Gewimmel,
Von Zefyrn hoch getragen, durch den Himmel,
Und wo sie fliehen, welkt sein reines Blau
Und stirbt in freudeleerem Grau.
Doch, eh' sie sich den Augen ganz entzogen,
Zerbricht Kupido seinen Bogen,
Wirft ihn herab, und ruft den Göttern zu:
„Gehabt euch wohl! Wir wünschen euch Ver-
gnügen;
An Amorn soll's gewiſs nicht liegen,
Wenn fürderhin nicht unbegrenzte Ruh'
Den Himmel wiegt.   Nur wähnet nicht, Göt-
tinnen,
Daſs was er thut er bloſs zur Hälfte thu'.
Ihr hofft vielleicht dabey noch zu gewinnen,
Weil doch mein Brüderchen von linker
Hand euch bleibt,
Der, wie verlauten will, euch stolzen Sultaninnen
Oft in geheim die Zeit vertreibt.
Doch, Ihm das Reich zu übergeben
Das ich verlassen muſs, verbeut
Die Ehre mir, und selbst die Sittigkeit;
Wir werden ihn der Arbeit überheben!
So sprach der Gott, und lächelt' und ver-
schwand.
Die himmlische Synode stand

V. 135 — 153.

Ein wenig dummer da, als mancher vor der
Hand
Dem andern merken lassen wollte.
Man that sein möglichstes um gutes Muths zu
seyn.
Doch was man kann und was man können
sollte
Trifft, wie ihr wißt, nicht immer überein.
Gleich bey dem ersten Mahl schleicht sich die
Langweil' ein,
Wie sehr die Götter auch sich quälen
Ein düstres Vorgefühl durch übertriebnen
Schein
Von Lustigkeit einander zu verhehlen.
Vergebens! denn sogar der Götterwein
Erfreuet nicht das Herz wenn Amors Schwestern
fehlen.
Man ißt und weiß nicht was, man lacht und
fragt warum,
Man öffnet weit den Mund, will reden, und
bleibt stumm.
Der Witz verläßt den Gott der Musen,
Die Munterkeit den Gott des Weins;
Merkur ruft Heben stets, noch eins!
Und gafft, indem er trinkt, nach — Vesta's
plattem Busen.
Vergebens stimmt der Pieriden Kor
Der glüh'nden Saffo wärmste Oden,

V. 154 — 174.

Zwar etwas schläfrig, an: man hört mit hal-
bem Ohr,
Und bleibt so frostig als zuvor.
Die Damen sitzen wie Pagoden
In steifer Majestät, nach Juno's Beyspiel, da,
Und schleicht sich auch in einer Viertelstunde
Ein Wort aus einem schönen Munde,
So schnappt der Dialog beym ersten Nein
und Ja
Gleich wieder zu: kurz, sumste hier und da
Nicht eine Fliege noch, so dächte man, es
stünde
Der Puls der Schöpfung still. Zevs, der die
Kurzweil liebt,
Fand diese Art zu tafeln sehr betrübt.
Noch nie ward Hebe so geschwinde
Des Diensts entlassen. Aber, ach!
Die lange Weile schleicht den guten Göttern
nach
Wohin sie fliehn, bis in die Kabinetchen,
Bis in die Lauben von Schasmin
Und auf die nun nicht mehr wollüst'gen Ruhe-
bettchen.
Zu bald erfuhren sie, sogar im *Têt' à Têt'*,
Daſs ohne der Grazien Gunst nichts wohl von
Statten geht.
Vergebens wurde bey Auroren
Die Sommernacht ein wenig lang' bestellt;

V. 175 — 196.

Selbst für die Heben und die Floren
Geht nun (so unbarmherzig hält
Der Liebesgott sein Wort) die schönste Nacht
             verloren.
Den schlummernden Endymion
Kann Lunens wärmster Kuſs nicht aus der
             Schlafsucht küssen,
Und zu Aurorens Rosenfüſsen
Petrarkisiert, trotz D'Urfe's Seladon,
Der weise Cefalus. Sogar der Gott der Gärten
Schleicht von Pomonen sich ein wenig früh
             davon,
Und schwört, gerichtlich zu erhärten,
Daſs einem Manne, wie Er, durch alle Zau-
             berey
Von allen Nestelknüpferinnen
Der ganzen Welt, so was noch nie begegnet
             sey.
Die hintergangenen Göttinnen
Benahmen zwar sich meisterlich,
Und sprachen von der Lust der Sinnen
Wie Zenons strengste Schülerinnen;
Doch sage mir nur niemand, daſs man sich
Durch Scenen dieser Art bey ihnen sehr
             empfehle.
Natürlich dünkt ein schönes Weib
Sich etwas mehr als eine nackte Seele;
Und Metafysik ist ein schaler Zeitvertreib

V. 197 — 214

Für Nymfen die in Lauben wachend schlafen,
Und sich gefaſst gemacht, anstatt
Dem Günstling zu verzeihn, der nichts began-
gen hat,
Ihn für Verbrechen zu bestrafen.

Wie dem auch sey, so hatten dieses Mahl
Die Götter keine andre Wahl,
Als Amors Strafgericht so leicht auf sich zu
nehmen
Als möglich war, und, statt der Weisheit sich
zu schämen
Wozu er sie verdammt, sie, wo nicht ange-
nehm,
Doch ehrenvoll zum wenigsten zu machen.
Diotima's gepriesenes System [1])
Ist, wie ihr wisset, sehr bequem
Zu diesem Zweck. Zu was für schönen
Sachen
Giebt es den Stoff! Wie fein es klingen muſs
Wenn selbst Priap, dem sonst der beſste
Kuſs
Zu leichte Speise war, mit schwärmendem Ent-
zücken
Von reiner Liebe schwatzt, sich sättiget an
Blicken,
Und in demüthiger Distanz

V. 215 — 233.

Von seinem Gegenstand, mit einem grofsen
      Kranz
Von *Agnus castus* um die Lenden, ²)
Pomonen überzeugt, ein Busen, dessen Glanz
Den Schnee beschämt, sey nicht gemacht von
      Händen
Gedrückt zu seyn, und einen kleinen Mund,
Der reitzend spricht und lacht, um einen Kufs
      zu pfänden,
Sey Hochverrath. — Wer kann so schön dich
      sehn
(So fährt Herr **Fallus** fort zu krähn)
Und mehr, als dich zu sehn, verlangen?
Die Seele die dich anschaut, streift
Flugs ihren Körper ab, so wie verjüngte
      Schlangen
Die alte Haut; sie fliegt empor, durchschweift
Ihr neues Element, die Rosen deiner Wangen,
Die Lilien deiner Brust, vergifst
Der Sinnen letzten Wunsch, und fühlt dafs wah-
      rer Liebe
Die Liebe selbst die höchste Wonne ist.

 Diefs alles, wir gestehn's, ist schön und
      gut zum Sagen;
Auch sagen es die Götter oft genug
Den Himmelstöchtern vor; man hört in
      dreyfsig Tagen

V. 234 — 253.

Und Nächten nichts als diefs. Doch, diesen
hohen Flug
Noch dreyfsig Tage auszuhalten,
Fühlt kein Olympier sich stark genug bekielt.
Ein andres ist, wenn man dergleichen wirklich
fühlt,
Wie einst Petrark. Allein bey unsern kalten
Entgeisterten Verliebten war gewifs
Diefs nicht der Fall: die guten Götter hatten
Nichts besseres zu thun, und sagten alles diefs,
Von Nacht und Mond und kupplerischen
Schatten
Heraus gefodert, blofs *in Fugam Vacui.*
Die Damen gähnten traun! noch mehr dabey
als sie;
Und wie das Lustspiel enden mufste
Erräth sich leicht. Denn trotz der harten
Kruste
Die ihr jungfräulich Herz beschützt,
Kann Pallas selbst den Mann, der zu nichts an-
derm nützt
Als ihr zu Fufs zu liegen und zu schmachten,
Nicht anders als aus Herzensgrund verachten.
Das tugendhaftste Weib flöfst gern was wärme-
res ein
Als was wir blofs für ihre Tugend fühlen,
Und, ohne minder darum der Weisheit treu zu
seyn,

V. 254 — 273.

Beym ruhigsten Vorsatz, das Feuer nie zu
kühlen
Das euch verzehrt, ergetzt sie innerlich
An seinem Spiel, an seiner Flamme sich.
Worin bestände denn auch, im Grunde das
Behagen
Von einer Lage, wobey sie nichts zu wagen
Nichts zu verlieren sieht? sich selbst nicht
sagen kann,
Dein Sieg ist ein Verdienst, dein Gegner war
ein Mann!
Wir unterstehen uns zu sagen
Daſs dieſs sogar auf Bilder sich erstreckt,
Und daſs ein Cherub ohne Magen
Und Unterleib, in seinem Federkragen
Des frommen Nönnchens Herz nicht halb so
gut erweckt,
Als Guido's Amor, zwar *divino* 3)
Der Absicht nach, allein der, wie ihr wiſst,
Darum nicht minder als ein andrer Amorino
Ein sehr vollständig Bübchen ist.

Ist diesem so, wer kann den überirdischen
Schönen
Verargen, wenn sie sich, sobald Kupido's
Fluch
Durch manchen fehl geschlagenen Versuch
Bestätigt ist, nach andrer Kurzweil sehnen?

V. 274 — 294.

So manche schöne Sommernacht
Vorbey gegähnt! Die nie betrogne Macht
Von ihren Reitzen nun dem Zweifel Preis
    gegeben!
Und Rachsucht sollte nicht die holden Busen
    heben?
Der erste Schäfer wäre just
Was eine Göttin braucht, wenn sie der Rache
    Lust
Sich geben will; oft ist dabey zu gewinnen:
Allein auch diesen Behelf entbehren die Göt-
    tinnen.
Der Erdkreis wird von Amors Interdikt
Nicht leichter als der Göttersitz gedrückt.
Den einzigen Trost, den ihnen zu versagen
In Amors Macht nicht lag, war das Talent —
    zu plagen,
Womit das schöne Volk, zumahl vom Götter-
    stand,
Sehr reichlich sich versehen fand.
Die unfreywilligen Olympischen Kombaben
Wie sollten sie erfahren haben
Was Schönen können, denen man
Mißfallen hat, und die uns quälen wollen?
Zu unserm Glücke kommt's, wenn wir's empfin-
    den sollen,
Auf einen kleinen Umstand an,
Auf den die Herzensköniginnen

V. 295 — 313.

Sich, wie es scheint, nicht allemahl besinnen.

Ins Ohr gesagt, ich weifs euch ein Arkan,
Womit die Götter sich so fest als Eisen machen.
Ihr wünscht es mitgetheilt? Wohlan!
Das Ganze ist: zu ihrem Zorn — zu lachen.
Das Mittel ist bewährt; von allen *Remediis*
Amoris in der Welt hilft keines so wie
diefs.

Die Göttin starrt, zum Exempel, mit Augen von
Medusen
Dich an, und hofft, versteinert werdest du,
Ein Denkmahl ihrer Macht, nun da stehn:
aber du,
Du bist kein Geck, du hast *aes triplex* um
den Busen,
Du issest, trinkst und pflegst der Ruh'
Wie sonst, und nimmst, statt abzuneh-
men zu,
Und statt der Quälerin was dummes vorzu-
weinen,
Lachst du, und gehst davon auf zwey gesunden
Beinen.

Verachtung ist ein mächtiger Talisman,
Nur schlägt er nicht so gut in allen Fällen an
Als wie in dem, worin, für ihre Sünden,
Seit Amors Flucht, die Götter sich befinden.

V. 514 — 533.

Denn freylich thut ein gewisser geheimnifsvol-
    ler Instinkt,
Den wir in guter Gesellschaft nie unmaskiert
    erblicken,
Weit mehr dabey, als mancher Göttin dünkt,
Wenn ihre Reitze selbst ein weises Hirn ver-
    rücken.
Durch ihn setzt oft ein Nymfchen in Ent-
    zücken,
Ist eine Ilia und Egeria, überall
Mit Grazien garniert und *tota merum sal* 4)
In deinen fascinierten Blicken,
Die dir, wie uns, so bald du nüchtern bist,
Ein sehr alltäglich Thierchen ist.
Ohn' ihn erblickte vielleicht Adonis an
    Cytheren
Nur abgeschofsnen Reitz und Rosen im Ver-
    blühn;
Ohn' ihn wird Juno zur Megären,
Zur Galatee ein Austerweib durch ihn.
Sie, deren Lieblichkeit zu hyperbolisieren
Die Göttersprache selbst einst unzulänglich war,
Sind itzt der Gegenstand von hämischen
    Satiren.
Auroren wird ihr Rosenhaar
Zur Last gelegt, Dianen ihre Länge;
Mit unbarmherziger, kunstrichterlicher Strenge

V. 334 — 339.

Wird jeder Reitz anatomiert,
Und, wie natürlich ist, verliert
Der Reitz dabey. — Bey Amors Zauber-
                         fackel
Muſs man die Schönheit sehn! Der kalten
                     -        Tadelsucht,
Die Reitz vor Reitz gerichtlich untersucht,
Ist Hebe selbst nicht ohne Makel

V a r i a n t e n. *)

V. 36 — (S. 181 der Ausgabe von 1789.)

Mit Einem Wort, so schön dafs Mulciber
Sich nicht bereden kann, von einem Sohn
wie Der
Papa zu seyn, u. s. w.

V. 140 — (S. 187 der Ausgabe von 1789.)

Schon bey der Tafel schleicht die lange Weile
sich ein,
So sehr die Götter sich um Witz zu haben
quälen.

*) Eine Menge kleinerer Abänderungen (ob
Verbesserungen, wie die Absicht wenigstens
war, müssen andere entscheiden) welche dieses ganze
Gedicht durch die letzte Feile erhalten hat, schienen nicht erheblich genug, um unter den Varianten
aufgeführt zu werden.

Man merkt es gehe nicht und sucht es zu verhehlen;
Vergebens! denn, beym Styx! der beste Götterwein
Ist Wasser nur, wo Amors Schwestern fehlen.

V. 185 — (S. 188 der Ausgabe von 1789.)

Daſs einem Manne, wie er, durch alle Zau-
berey
Von allen Circen und Medeen,
Kanidien, und allen bösen Feen
Der ganzen Welt, so was noch nie begegnet
sey.

V. 298 — (S. 194 der Ausgabe von 1789.)

Ihr wünscht es mitgetheilt? Wohlan!
Nicht achten, Kinderchen, nicht achten,
Dieſs ist die ganze Kunst! — Du betest
Chloen an,
Ein saures Blickchen macht dich schmachten,
Ein Lächeln ist genug dem Zevs dich gleich zu
achten —
Du armer Mann! wenn sie dich quälen will
Blickst du sie sterbend an und hältst ihr still —
Nicht achten, kleiner Thor, nicht achten!
Probatum est! Von den *Remediis*

Amoris, glaube mir, hilft keines so wie
diefs.

Sie starrt dich an mit Augen von Medusen,
Versteinert, denkt sie, werdest du
Zum Zeichen da stehn: aber du, u. s. w.

V. 311 — (S. 195 der Ausgabe von 1789.)

Das Mittel ist bewährt, wiewohl nicht allge-
mein;
Es möchte dann und wann nicht anzuwenden
seyn.
Nicht achten was wir lieben müssen,
Ist oft unmöglich, immer schwer;
Den Zustand nehm' ich aus, worin das Götter-
heer
Durch Amors Bosheit, wie wir wissen,
Seit kurzem sich befindt. Denn freylich, der
Instinkt
Thut mehr dabey als mancher Göttin dünkt
Wenn ihre Reitzungen uns das Gehirn ver-
rücken.
Durch ihn setzt oft ein Nymfchen in Ent-
zücken,
Ist eine Ilia, ist Venus, überall
Mit Grazien garniert, und *tota merum sal*

In euern fascinierten Blicken,
Die ohne Amors arge List
Ein sehr alltäglich Thierchen ist.
Ohn' ihn erblickt Adonis in Cytheren
Nur eine Frau zum Zeitvertreib;
Ohn' ihn wird Juno zur Megären
Und Galatee zum Austerweib. u. s. w.

Anmerkungen.

1) S. 270. v. 207. Diotima's gepriesenes
System —

Die so genannte Platonische Liebe, welche Plato in
seinem Gastmahl von der Wahrsagerin Diotima dem
Sokrates vortragen läfst.

2) S. 271. v. 216. *Agnus castus* —

Die Blätter dieser Staude haben, nach der Versiche-
rung des Plinius, eine gewisse kühlende Kraft, die
dem Gelübde der Enthaltung besonders zuträglich ist.
Die Athenischen Frauen, welche während der
Thesmoforien (eines über acht Tage dauernden
Festes der Ceres) von ihren Männern abgesondert
leben mufsten, bestreuten, aus einer Vorsicht, die
ihrer Gewissenhaftigkeit mehr Ehre macht als ihrem
Temperament, ihr Lager mit Blättern von *Agnus
castus. Plin. Hist. Nat. XXIV. 9.*

3) S. 273. v. 266. Als Guido's Amor, zwar
divino u. s. w.

Auf einem von Robert Strange gestochnen Blatte,
das einen nackten schlafenden Knaben von sechs
oder acht Monaten vorstellt, neben welchem eine
junge Nonne mit gefalteten Händen ihre Andacht

verrichtet, aber unfreywillige Zerstreuungen zu haben scheint. Statt der Unterschrift *Amoris primitiae*, die sich auf die Nonne bezieht, hätte sich *Amore divino* um so besser geschickt, weil dieses Blatt das Gegenstück von einem ebenfalls nach Guido Reni gestochnen Kupido ist.

4) S. 276. v. 319, 20. Ist eine Ilia —
Ilia et Egeria est, do nomen quodlibet illi. Horat.
Tota merum sal (von Kopf bis zu Fuße lauter Reitz)
Lucret. de Rerum Natura, IV.

FÜNFTER GESANG.

Nun, lieben Freunde, setzet euch
Ein wenig an der Götter Stelle,
Und sagt mir, ist ein Himmelreich,
Wo man einander quält, nicht eine wahre
        Hölle?
O Amor, Gott der Freuden, kehre um!
(So rufen heimlich Götter und Göttinnen)
O kommt zurück, ihr holden Charitinnen!
Wo ihr verbannet seyd, da rinnen
Kocyt und Flegethon, da quälen Plaggöttinnen;
Ach! ohne euch ist kein Elysium,
Ist kein Olymp! — Allein, diefs laut zu rufen
Verbietet Stolz und falsche Scham.
Sie mufsten erst durch alle Stufen
Der langen Weile gehn. Zu welchen Mitteln
        nahm
Man seine Zufluch: nicht? Bald gab der dicke
        Komus

V. 16. — 35.

Ein prächtig Freudenfest, wobey
Nichts als die Freude fehlt; bald M o m u s
Ein possenreiches Allerley,
Das desto mehr die L o g e n gähnen machte,
Je lauter S i l e n und P a n und der Verfasser
          lachte.
Herr M o m u s war, wie Dichter meistens
          sind,
Für seines Witzes Brut an beiden Augen blind,
Und sprach im ersten Zorn zu seinem Freund,
          dem T h i e r e
M i t l a n g e m O h r : Der Henker amüsiere
Die Damen und Herren, die nicht zu amüsie-
          ren sind!
Doch dient' es ihm zum Trost, daſs A z o r u n d
          Z e m i r e
Von M o n s i e u r M a r m o n t e l nicht beſsre
          Wirkung that.
Die Musen dachten, so was neues,
Dergleichen der Olymp noch nie gesehen hat,
Muſs Wunder thun : allein Apoll verzeih' es
Z e m i r e n - E r a t o ! man fand sie kalt wie
          Schnee.
Zwar schien das arme T h i e r von Azor zehn-
          mahl ärmer
An Feuer noch, wiewohl der gröſste Schwärmer
Im ganzen Götterthum, der Sohn der S e m e l e,
Die Rolle spielte; nur der Götter-Assamblee

V. 36 — 51.

Ward, wie ihr seht, dadurch nicht desto
wärmer.
Wißt ihr was traurigers, im Himmel, oder
hier
In diesem Jammerthal, wo wir, nach Stands-
gebühr
Mehr oder weniger, der langen Weile fröhnen,
Als, unergetzt, bey langen frostigen Scenen
Mit Sang und ohne Sang, einander anzu-
gähnen?
Auch hielten's die Schönen des Himmels nicht
manchen Abend aus.
Viel lieber, sprachen sie, hojahnen wir zu
Haus,
Und schneiden Bilderchen aus und putzen unsre
Puppen.
Zuletzt, nachdem man lang' auf neue Kurzweil
sann,
Bot die Astronomie sich an.
Seitdem es Sterne giebt sah man so schöne
Gruppen
Um kein Dollondisch Rohr gebückt:
Die Damen schienen ganz von Wissenslust
entzückt,
Sie guckten Nächte lang, und hohlten sich den
Schnuppen.
Der Wettstreit, wer im schönsten Nachtge-
wand

V. 52 — 72.

Den Sternen Cour zu machen käme,
Trug auch das Seine bey, daſs man am Welt-
systeme
Und am Planetentanz so viel Vergnügen fand.
Nehmt noch dazu, was allen Lustbarkeiten
Sogar den fei'rlichen, wozu die Glocken
läuten)
So was, wie nenn' ich's? giebt, das sie pickan-
ter macht,
Mit Einem Wort, die Zeit der Mitternacht:
So hätte wohl zum Glück der Mondenfinster-
nissen
Nur Amor noch ins Spiel sich mischen müssen.
Allein, da dieser fehlt, verlor die Warte bald
Den ersten Reitz. Die Nächte waren kalt;
Die Damen klagten über Flüsse
Und Rückenweh und Drücken auf der Brust:
Man fand, daſs man die Wissenslust
Gemächlicher zu stillen suchen müsse.
Versuche folgten nun in Ger'kens leerem
Raum;
Man wiegt die Luft, zergliedert Sonnen-
strahlen,
Und lernt, warum sie leichter Wolken Saum
Bald blau, bald gelb, bald purpurfarbig mahlen;
Man miſst den Schall, man zählt den Sand am
Meer,
Die Flocken Schnee, die Tropfen Regen,

V. 75 — 94

Die auf das Erdrund ungefähr
Ein Jahr ins andre fallen mögen;
Was mißt und zählt man nicht? — Wenn man
            mit seiner Zeit
Sonst nichts zu machen weiß; alsdann ist Zeit-
            Ersparung
Nur Zeit-Verlust.   Die kleinste Kleinigkeit
Wird wichtig dann, und eh' die Seele Hunger
            leidt
Zieht sie aus Distelköpfen Nahrung.
Noch mehr — vorausgesetzt, daß euer Tris-
            megist
Die Klugheit hat, mit Demonstrazionen
Und a + b die Damen zu verschonen,
Wo ist — wenn den Endimionen
Was Menschliches begegnet ist,
Ein Zeitvertreib mit diesem zu vergleichen,
Dem Mütterchen Natur (die keine Zeu-
            gen liebt
Wenn sie den Wangen Roth, dem Busen Lilien
            giebt)
Bis zur Toilette nachzuschleichen?
Die Schächtelchen, die Büchschen allzumahl
Eins nach dem andern aufzumachen,
Und tausend wunderbare Sachen,
Wovon euch nie geträumt, aus ihrem Futteral
Heraus zu ziehn und, Stück vor Stück besehen,
Sie, jedes in sein Fach, zurück

V. 95 — 114.

Zu legen, und — so klug davon zu gehen
Als ihr gekommen seyd! — Man muſs ge-
        stehen,
Dieſs Spiel ist wohl so gut als eines in der
        Welt.
Allein, so sehr es unterhält,
Verliert's doch, wenn ihr's lange spielet,
Der Neuheit Reitz, der Anfangs es empfiehlet.
Ein andrer Spaſs wird auf die Bahn gebracht;
Die Antlia, die nicht mehr Kurzweil macht,
Muſs dem Elektrofor, und der dem Luft-
        ball weichen,
Und diesem geht's wie allen seines gleichen.
Was wollen wir? da nichts mehr Lindrung
        gab,
Sank man von Spiel zu Spiel zur blinden Kuh
        herab.
Vergebens! Amor fehlt, die Charitinnen
        fehlen!
Die blinde Kuh sogar wird int'ressant durch sie;
Umsonst, umsonst, ihr guten Seelen,
Hofft ihr Vergnügen ohne sie!
Vergebens schwanket ihr von einer Fantasie
Zur andern; ohne sie sind Freuden ohne Freude,
Ergetzt kein Ohrenschmaus und keine Augen-
        weide,
Herrscht lange Weil' und dumme Apathie,

V. 115 — 134.

Und Überdrufs und Spleen und Agrypnie,
Bey aller Lust, beym schönsten Sommer-
wetter,
Beym Nektartisch, bey Tanz, Gesang und
Symfonie,
Sogar im goldnen Sahl der Götter.

Die weise Frau verzeih' uns, deren Rath,
Zwar wohl gemeint, die schlimme Wirkung
that;
Doch unser Sokrates scheint wohl gewufst
zu haben
Warum er stets die schönen Knaben,
In deren Zirkel er sich so gerne finden liefs,
Den keuschen Grazien opfern hiefs.
Der Mann that was wir alle sollten,
Wofern wir weiser werden wollten:
Er fragte die Natur. Sie war sein Genius
Und seine Pythia. Doch, wohl gemerkt, er
fragte
Wie man, belehrt zu werden, fragen mufs;
Und was sie ihm in Antwort sagte,
Vernahm er recht und ganz. Wem diefs
ein Räthsel ist,
Der lass' es sich von Xenofon erklären:
Ein jeder echter Sokratist
Versteht uns. Kurz und gut, Frau Pallas
(ihren Ehren

V. 135 — 155.

Unschädlich!) hatte wohl die Folgen nicht
bedacht,
Da sie den Göttern aus Cytheren
So strenge den Prozefs gemacht.
Der Spleen, der nun, seitdem man sie ver-
trieben,
Den Götterhof erfüllt, der Augen trübes Licht,
Die finstre Stirne, das faltenreiche Gesicht,
Das Unvermögen was zu lieben,
Die Trägheit was zu thun, war noch das
schlimmste nicht.
Ist's dahin erst mit uns gekommen,
So nimmt das Übel zu. Zevs, der die Unter-
welt
Regieren soll, regiert, so wie ein Würfel fällt,
Auf gutes Glück, und plagt die Bösen und die
Frommen.
Minerva, deren Ernst die milden Grazien
Sonst unvermerkt erheiterten,
Ist vor Pedanterey nicht länger auszustehen.
Der schöne Bacchus wird, seit Amor sich
verbannt,
Mit Satyrn stets bezecht gesehen;
Mars tobt und macht den Sakripant;
Die Musen krähen uns in fremden rauhen
Tönen
Kamtschatkische Gesänge vor,
Entsagen, um neu zu seyn, dem Schönen,

V. 156 — 175.

Betäuben den Verstand, und martern unser
Ohr.
Es hiefs sogar (wir wollen Bessers hoffen!)
Sie hätten einst im dicken Gerstensaft
Mit Wodans wilder Brüderschaft
Aus Menschenschädeln sich besoffen.
Genug, der Unsinn ging von Grad zu Grad so
weit,
Dafs endlich Äskulap, der Göttern und Göt-
tinnen
Zweymahl des Tags mit grofser Fei'rlichkeit
Den Puls fühlt, um ihr Blut ein wenig zu ver-
dünnen,
Und wieder sie in aller ihrer Sinnen
Nutzniefsung und Gebrauch zu setzen, nöthig
fand
Auf Amors Rückkehr vor der Hand
In vollem Amtsernst anzutragen.
Die Krankheit, sprach er, hat die Zirbeldrüse
schon
Ergriffen; alles hier zu wagen
Ist nichts gewagt. So schlimm Cytherens Sohn
Auch seyn mag, wird er doch bey unsern
Frauenzimmern
Und Herren überhaupt im Hirnchen nichts ver-
schlimmern,
Hingegen desto mehr an Laune, gutem Muth,
Und selbst am Herzen besser machen;

V. 176 — 196.

Wir leben wieder, scherzen, lachen,
Verdauen, schlafen sanft, und machen frisches
    Blut,
Und werden mehr dabey gewinnen
Als mancher denkt. — Der Arzt hat Recht,
Rief das Olympische Geschlecht.
Man hatte Zeit gehabt sich besser zu besinnen.
Sogar der Spröden weise Zunft
(Wiewohl sie sich's nicht merken liefsen)
War müde für Minervens Milz zu büfsen,
Und sehnte heimlich sich nach Amors Wieder-
    kunft.
Die Sache ging im Götterrathe
Einhellig durch. Es liegt dem ganzen Staate
Zu viel daran, sprach Zevs, dafs wir in
    Einigkeit,
Wie Göttern ziemt, beysammen wohnen!
Stracks sendet man Merkurn mit Proposizionen
Nach Pafos ab. Man gab sich etwas blofs,
Diefs ist gewifs; allein, die Sehnsucht war zu
    grofs,
Um durch Bedingungen den Frieden zu
    erschweren.
Ich sage nicht, sprach Momus, dafs man es
Vermeiden konnte, just so weit zurück zu
    kehren
Als man zu vorwärts ging. Wohl Recht hat
    Sokrates:

V. 197 — 210.

„So arg der Schalk auch ist, man kann ihn nicht
            entbehren" —
Diefs sag' ich nur: das, was wir jetzo thun,
War schon gethan, und hätten wir's beym
            Alten
Gelassen, wie ich stets für räthlicher gehalten,
So brauchten wir itzt nicht zu thun
Was schon gethan war; nun ist Amor unser
            Sieger!
Dafür, spricht Äskulap, sind wir um so viel
            klüger.

    Von ungefähr stand mit gespitztem Ohr
Das Eselchen dabey und lachte
In sich hinein : „He? sagt' ich's nicht zuvor?
Die Welt geht, wie ich immer dachte,
So gut sie kann.   Sie sollte besser seyn,
Spricht man, diefs fehlt und das! — Ich merk'
            es auch; allein,
Den will ich sehn, der eine befsre machte!"